屋頂上的貓

素養導向
國語文評量
設計實務

許育健◎著

自序

改變一點點，學習多一點！

　　日本文學大師夏目漱石的經典著作之一《我是貓》，以「貓」的獨特視角描述並批判了當時的許多社會現象，詼諧卻不庸俗，是一本令人印象深刻的好書。

　　「貓」和本書，或者未來的評量趨勢又有什麼關係呢？

　　熟悉中小學教學現場的教師或相關人士皆知道，自從 2000 年九年一貫課程實施以來，迄今近二十年了，在課程與教學上有諸多革新與創意，比如：統整主題課程、校本課程發展、分組合作學習、翻轉教學、學思達教學、問思教學、MAPS 教學、桌遊教學等，但惟獨評量，卻不聞樓梯響，似乎沒有什麼令人印象深刻的「○○評量」之類的革新方向與作為。

　　然而，我們知道對於國語文領域定期評量的調整與修正，其實有一些學校已經默默地積極推行中（我個人在評量改進方面也推廣近十年了）；更重要的是，無論是各縣市的國語文學

力檢測、國中教育會考國文科，乃至於高中的學科能力測驗國文科，近年來，早已悄悄地「改頭換面」，呈現「素養導向語文評量」方向設計與施測。

以下列舉數題供參：

一、小欣的油畫展要在文化中心進行展覽，她收到了祝賀的花籃，下面哪一個選項不適合作為祝賀詞？

（1）彩筆生輝

（2）出神入化

（3）賞心悅目

（4）煥然一新

（臺北市 106 學年度國小國語文學力檢測：字詞義 例題）

二、老師請小名修改日記中多餘的字詞，使語句完整通順，下面哪一句已完成修改？

（1）趁著陽光難得露臉的好天氣，我們動身出發前往郊外踏青。

（2）一路上大家有說有笑，沒想到車子竟然突然出現破胎的狀況。

（3）雖然人算不如天算，所幸還好爸爸早有準備，三兩下就換好備胎。

（4）換胎後，我們順利抵達目的地，在鳥語花香的陪伴下

　　　享受悠閒的時光。

（臺北市 106 學年度國小國語文學力檢測：文法修辭 例題）

三、以下圖表，是某年經濟合作與發展組織（OECD）針對各

　　國各階段教育每人 所分得經費的調查結果：

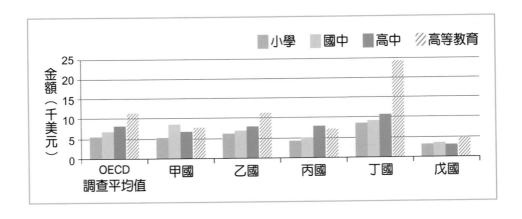

根據這張圖表，下列敘述何者正確？

（A）甲國小學生所分得的教育經費高於 OECD 調查平均值

（B）丙國國中生所分得的教育經費高於 OECD 調查平均值

（C）各國高等教育學生所分得的經費皆多於其他階段學生

（D）相較於其他國家，丁國高中生所分得的教育經費最高

（107 國中教育會考：國文科 第 4 題）

四、「電影本身就如同造船的藍圖，而電影特效是螺絲釘，我們應該先策畫一部電影，再依照這部電影的需求，扶植特效團隊，而不是扶植了特效團隊後，卻不知道這個特效團隊將來要為誰工作。因此，臺灣電影產業現在面對的難題是藍圖的問題，好劇本在哪裡？好製作案在哪裡？而不是只會埋頭苦幹，努力研發螺絲釘，雖然這也很重要，但先有藍圖，等整個市場有起色後，再去扶植，力量才會更大。」下列敘述何者最符合這段文字的觀點？

(A) 好的劇本和製作案是發展電影產業的根本

(B) 電影要有好的特效，才能吸引廣大的觀眾

(C) 策畫一部電影，需要先開發市場，再打造藍圖

(D) 製作電影的過程中，每個環節都是重要的螺絲釘

（107 國中教育會考：國文科 第 5 題）

五、下列是一段現代散文，依據文意，甲、乙、丙、丁、戊排列順序最恰當的是：四面街角至少有幾百個人焦躁地等著過街，也有些人和我們一樣在等計程車。……每逢紅綠燈轉換時，一大波傘海會像激流般沖往對岸，不斷有人踩進了積水的坑洞而驚呼。甲、能抓住車門的手

乙、留在路旁的是有增無減的等車的人　丙、一大群人擁上去　丁、真是令人羨慕的幸運之手　戊、偶有一輛空車亮著頂燈在車陣中出現。

那些人的臉上似乎有一種強勝弱敗的神色，很快融入車海。（齊邦媛〈失散〉）

(A) 乙戊甲丙丁

(B) 乙戊丙甲丁

(C) 戊丙甲丁乙

(D) 戊丙丁甲乙

（107 高中學測：國文科 第 5 題）

六、下列是仁欣醫院在進行手術治療前，提供給患者的麻醉風險等級表，依據表中的資訊，敘述錯誤的是：

麻醉風險等級表		
級別	病人狀態	死亡率
1	健康	0.06～0.08%
2	有輕微的全身性疾病，但無功能上的障礙	0.27～0.4%
3	有中度至重度的全身性疾病，且造成部份的功能障礙	1.8～4.3%
4	有重度的全身性疾病，具有相當程度的功能障礙，且時常危及生命	7.8～23%
5	瀕危，無論是否接受手術治療，預期在 24 小時內死亡	9.4～51%

（A）第 1、2 級死亡率約為 0.06% 至 0.4%，可見麻醉雖有風險但危險程度低

（B）第 3、4 級風險程度增高，乃因病人患有全身性疾病，且伴隨功能障礙

（C）第 5 級死亡率可高達 1/2，但在不開刀的情形下，可能一天內結束生命

（D）麻醉風險與患者的健康狀況密切相關，死亡率由高至低依序為 1 至 5 級

（107 高中學測：國文科 第 6 題）

　　上述的例題，是否與傳統上我們認為的「國語文」或「國文科」評量設計的內容方向有很大的差異呢？這其實就是「素養導向」評量的面貌。

　　本人依近年來於各項理論研究與實務經驗分析的結果，提出素養導向評量設計的五個原則：**明確的評點、完整的語境、多元的題型、問題的解決、創意的展現**。於上面的例題中，皆隱然呈現，這也是國際上評量改進的共同趨向。

　　回到本書標題，您一定很好奇，為何是「屋頂上的貓」呢？

　　誠如夏目漱石的寫作手法，他設定了一隻貓，遊走在人間，日日夜夜觀察人與物的變化，發現人性的許多本質（當然也有

很多不解之處）。這隻貓有自己的想法，每每夜晚寂靜時，便蹲踞在屋頂上，享受輕柔的月光流淌在她的身上。有些人走過來，有些人走過去，望見了，或者不見；望見的人，也許稍加停留，想了些什麼，低頭的人，當然也只顧著前方的路途。

　　這是我們的日常，也是教學現場的日常。我們知道評量的存在，卻也常常忘了她的存在。

　　我以「屋頂上的貓」來隱喻目前中小學的定期評量（也稱為期中考、期末考、月考，或段考）。這些定期的評量，一直都伴隨著學校的教學活動進行，大家都知道她的存在（有些甚至是因她的存在而教學，就是大家常說的：考試領導教學），大家也都不可否認地覺得她很重要。但對她，總是模模糊糊，不知如何親近，要如何與她有更好的互動，甚至，能否因她的存在，讓我們可以擁有美好的生活。

　　在本書中，我主張提到評量設計應**與生活情境密切結合，要能呈現語文學科的核心知識**，也要**引導學生以語文解決生活中的問題**，或者**有意識的檢視自己的學習策略**。大部分的老師，都有語文評量設計的經驗，但也常常存在著如何設計「好問題」的困惑。本書主張要**檢視整體評量架構，微調評量內容，來展現學生真實的學習成果，甚至以評量促進學習**（assessment for learning）。

　　諸凡如此，我覺得都與本書「屋頂上的貓」的隱喻有關。期待您一起來閱讀本書，體驗與改變；我相信，您會更理解自己，更多生活感受，如屋頂上的貓。

　　這本書的生成，要感謝這十年來邀請我對此主題演講的數十所中小學。你們不吝惜的（也很勇敢的）把學校實際的評量試卷提供給我，讓我得以在現場直接對貴校評量內容的優劣及改進之道提出建議。另外，也要感謝本書編寫過程中，協助提供部分實際試題及校閱書稿的徐慧鈴老師；以及幼獅出版公司的淑華總編輯慨允出版本書，和編輯同仁們悉心的校稿編修，在此一併致謝。

　　最後，感謝正在閱讀的你，願意翻閱此書，願意持續精進，無私地，為我們的下一代而努力。

目錄

目 錄

Chapter 1

翻轉，
別忘了評量

一件小事

近年來教育界最熱門的字，莫過於「翻轉」。

在大家群策群力下，什麼都要翻，有時候，我都覺得翻過頭了……

但，我現在不想談翻過頭的這些事（有些事激情過後，總會明白的）

我想談，「評量」──中小學的語文評量。

現在先由前兩天❶發生的一件「校園事件」談起。

H老師：老師，我不想再堅持了。

我：怎麼了？

H老師：這次國語期末考卷，我改變了題型與題目設計，還有
　　　　增加了一篇閱讀測驗，變成了兩張試題。

我：很好呀，那有什麼問題？

H老師：我給同學年的老師審題，只翻了一下，他們就說太多
　　　　張了，學生會寫不完。

我：應該不會吧，只要題意清楚、評點精準，加上語文情境（簡

---

❶ 兩天就是 2017 年 12 月 15 日，怕忘了，就此記下。

稱「語境」）明白，應該更有利於學生答題，速度不
會比較慢喲……

H 老師：是的，我也這麼認為；但老師們直說這樣太多了（謎之音：
批改也很累啦）。後來，路過的總務處同事，看了一眼，
接著說這樣「油印」很花錢，要省一點啦！

後來，年資尚淺的 H 老師決定改回原來大家的**習以為常**，他不
想成為「注目」的焦點。

此刻，我腦中呈現了以前玩「打地鼠」的遊戲，

其實，在教育界二十餘年來，我聽聞過諸多類似的狀況，幾乎
可以用一句話來形容：

教育，不是沒有改變的力量；只是，大多數依然害怕改變。

這本書談些什麼？

這本書的撰寫，當然不是因為上述的事件讓我一夜之間振筆疾
書，（像小河流水般的）不捨晝夜而完成的。其實，關注語文
評量的設計與改進，可以追溯到好久、好久以前。

好久、好久以前，我在師院畢業後，（雖然成績很差）就公費
分發到小學任教。

在小學任教的那些年，國語文定期評量設計（就是出國語考卷

啦！），一直都沒有受到太多的關注。當然，我也不怎麼關注，那不過是隔個幾週，輪流或由不小心被抽中的倒楣鬼，不不，我說的是級任老師（有些人還是挺樂意的，真的；雖然，比較少）例行要完成的工作。然後，接到這任務的老師，就會神祕兮兮的把考卷出好，在某個學年會議，大家「快速的」傳閱一下，簽名。接下來，就考試、改考卷、算成績。如果是期末考，那就更令人興奮了，因為暑假就要來臨了……，哦，對不起，我離題了。我的意思是說，考完試登記了成績就沒事了。

這一切都很正常吧，我也一直這麼覺得。直到，我進入了臺北市國語科輔導團，隨著許多優秀的師長學習，探索教材、教學與評量，我漸漸發現——

這是個很重要的議題，為何我從來沒注意到呢？

問題在哪裡，恐怕不是三言兩語可以道盡，我將在本書的各章節中，以清新愉快的筆調（我期待啦），帶大家一覽國語文評量設計的怪現象（這本書應該取名：警世評量），並探討如何調整與修正，讓國語文評量設計更符合十二國教「素養導向」國語文教育的目標。

有沒有很期待？那就繼續往下看吧！

要探究國語文定期評量的面貌，必須正本清源，由「國語文教育」談起。

國語文教育基本上可分為三大面向來探討：**課程**、**教學**與**評量**。回顧 1990 年代的教育改革以來，近三十年來國語文教育的變革，可發現課程方面，由課程標準走向課程綱要；教學方面，基於混合教學的基本模式，許多老師有了如問思教學、學思達、MAPS 等教學法的創新。

評量呢？相對的，似乎變動就少了些（你回想一下，有多少人在談？）。

其實，親師生都十分重視國語文定期評量；然而，其**題型項目與命題設計**，大概是這波語文教育革新，最被忽視的一環了，**數十年沒有太大的改變**。是吧？

語文核心素養

提到「十二年國教」，想必「核心素養」就（如鬼魅般的）如影隨形於后。

是的，未來的國語文課程，主要的訴求即是體現學生的「**語文核心素養**」。

為了讓大家快速理解這個（讓人又愛又恨的）熱門關鍵詞，請容許我先三言兩語的簡要說明一下。

先從「九年一貫」提起，（什麼，你不想再看到這四個字？包容一下吧，畢竟他也跟了我們 18 年，小孩從出生到上大學那麼長的時間呢）原本，九年一貫課程必稱的「能力指標」，在十二年國教課綱中，已經消失了。其實，當你仔細瀏覽課程綱要，就會發現能力指標並未消失，而是──

華麗的轉身。

能力指標，變得具體又精簡，成為國語文課程綱要的「學習重點」第一部分──「**學習表現**」。沒錯，當你檢閱學習表現的內容時，那六大能力主軸──「**聆聽**」、「**口語表達**」、「**標音符號與運用**」、「**識字與寫字**」、「**閱讀**」與「**寫作**」──必定讓你感到無比的熟悉。（什麼，你以前都沒在看，嗯……，那也沒關係，我們現在重新來）

此外，十二年國教課綱新增了「**學習內容**」這個部分，主要分三大類，包含**文字篇章**、**文本表述**及**文化內涵**，使學生應學習的「語文內容」更為清楚明白，也方便教材的編寫與實施。本書會幫大家整理一下，拭目以待吧。

那，語文核心素養到底是什麼？

依我的淺見，就是兩個概念的整合——**生活情境**及**問題解決**。

這也是本書會不斷強調的設計原則之一。

然而，「能力」如何評量？「核心素養」在定期評量中如何呈現？

現行的國語文定期評量內容與形式，該如何隨之改變與調整？

且待我於後面章節慢慢道來。

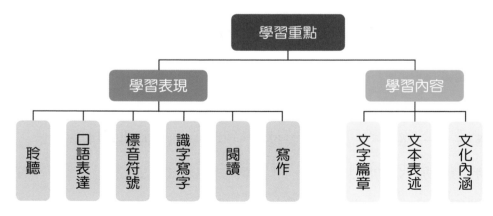

圖：國語文學習重點

大腦、閱讀與好問題

大腦如何認知

從生理學的觀點，「閱讀」的產生是源自於眼睛及大腦一連串的認知運作。

雖然近二十年來，由於腦造影的技術持續精進，讓我們得以一窺大腦運作的某些狀況；然而，閱讀的「複雜性」至今仍受到認知科學家持續的研究與關注，**因為我們對大腦如何運作閱讀，所知實在太少。**

誠如法國科學家史坦尼斯勒斯・狄漢（Stanislas Dehaene）在《大腦與閱讀》一書中提到：「當我們的眼光停留在一個字上，我們的大腦毫不費力的給我們這個字的意義與發音。表面上看起來很容易，它其實是非常複雜的。」

他將大腦專司閱讀的區域比喻為一部極有效能的「**心理辭典**」，當眼球的視神經將文字的影像傳到此區，大腦便會啟動許多平行的認知神經機制，

例如，由下到上（bottom-up）：先察形、辨音到識義的模式——猶如小孩初見「陽」這個字，搖頭表示不認得，其父母說：「這就是太陽的陽」小孩就在心理辭典搜尋是否有見過此字或聽過

此音，來確認對這個字的認知；

又例如，以由上到下（top-down）的模式來認知：其父母不直接解釋字義，而是指著文本上的插圖，讓小孩主動說出這是「太陽」，父母才說：「對，這個字就是太陽的陽」。

換言之，**大腦初見一個不認得的字時，可能同時啟動兩種認知的方法，其一由字音到字義，其二由情境（圖片）到字義。**

上述內容只針對一個字的認知（也就是識字）為例，如果孩子開始依序讀起句子的每個字，其由字的辨識，到詞的理解，乃至於句子、段意……，這其實是一個非常複雜的認知過程。

在這過程中，必須透過漫長的語文教學，從語料（字詞短語）的累積、語意（句子）的理解，到語用（段篇）的展現等長時間的批次學習，閱讀的能力方能成熟。

所以，閱讀不是天生的，是學習而來的。

閱讀的流暢性

經過長時間的訓練（依 J. Chall 的理論，大概就是在 7 歲至 10 歲的這段期間），大腦的「閱讀區」開始了良好的運行。

然而，對於這個會閱讀的大腦而言，打開一本書，面對大量「字詞」逐一進行辨析理解，其實是很累的。

所以，有一項機制能讓大腦的工作輕鬆些，就是**對於重覆出現的字形或字音（曾經看過、聽過的），神經元會傾向「減敏」（減低敏感性）**，只有當大腦遇見「陌生」的字詞時才會「活化」神經元，啟動平行認知的機制。

如此一來，閱讀速度便可以加快，這也就是所謂閱讀「**流暢性**」的概念——當識字量達到一定的程度，加上**有效的識字策略解決（或猜測、或避略）原本可能形成的障礙，可讓閱讀字詞的速度加快，能流暢的提取語句的意義。**

當讀者的大腦可以流暢的閱讀時，看似運作順利平常，其實也隱藏了大腦的「怠惰」。

因為大腦在閱讀時，為求速度流暢及意義領會，對於許多的語句，往往「視而不見」或「視而不記」，只要**「意義」能連貫即可。**（請試回想，您今天外出的路途中，還記得哪些景物？這其實不重要，因為總之您已經順利抵達目的地了）

換言之，讀者會「**選擇性**」的閱讀語句，除非有字詞不解、與其閱讀經驗不相符或猜測錯誤，才會暫停。這其實也是無可厚非，本來閱讀就是取得文字符號整體意義的歷程。

然而，我們是否可以在學生具有基本閱讀能力之後，即停止學校教育，就讓學生們透過閱讀「自主學習」理解世界的知識即可？顯然大部分的人都不會同意的。

這就涉及教室裡另一位重要角色的存在意義了——教師。

在此，先不論教師的多元角色，就教學的層面而言，教師可將知識系統更有效的整理，透過講解、圖示、操作等途徑呈現，讓學生清楚明白。

這種**講述式**單向傳送，學生徒然接收式的教學方法，其特徵是大量。（但不一定有效）

就前述大腦運思的觀點而言，教師的講述或學生的自主閱讀，都存在著「選擇性」保留的缺點，

因為大腦無法在短時間內負荷過量的資訊湧入，所以**教師的「教完」不等於實質「習得」，學生的「閱讀」也不等於完全「吸收」。**

此時，教師若可透過另一種方式——事先的提問設計，於課堂中問「好問題」，讓師生之間產生互動——大腦的運思就會大不同。

好問題的功用

打個比方，假設我們在學生的頭頂裝上一顆紅色的警示燈，當大量負責思考的神經元被啟動連結時（也就是大腦被「活化」

時），就會亮起。（雖然這比喻很好笑，但很具體吧 ^_^）

如果我們採講述式的教學（學生都一直專心聆聽的狀況之下，這當然不太可能……），大概偶爾會亮一下，表示新訊息觸動了學習與思考，而且每個人亮的時機可能不同。

如果教師問了一個讓學生必須仔細回顧文本或與同學討論的「好問題」，大概這紅燈會全班同時亮起，一直到問題被解決為止。

於是，從大腦運思的觀點而言，我們可以說：**沒有好問題，難有思考；沒有思考，就沒有學習。**

大腦、閱讀與好問題，三者可謂息息相關！

回到本書的討論主題──評量，其實就是問題的設計，好的評量，不僅能知道學生的學習成果，也能促進未來的學習。

怎麼說呢？以下就讓我們來談談「為學習而設計的評量」這個重要的觀念。

為學習而設計的評量

評量可以促進學習嗎？如果用心設計，它是可能的。且聽以下分曉。

評量的目的

語言是人類溝通交流的基本工具之一，而文字更是人類知識經驗的重要載體，因此，若說語文能力是中小學學生學習各領域的重要基礎，並不為過。

教育部（2011）指出，**國民中小學之學生成績評量，以協助學生德、智、體、群、美五育均衡發展為目的。**

由此可知，評量的功能不僅僅只是測驗出學生的成績，更重要的是藉由評量了解學生的學習情形、有無達成教學目標，作為**教學反思及日後教學規畫之參考依據**，以幫助學生提升學習成效。

評量設計應跟教學內容緊密相關，題目設計上也應能確實評量出教學目標；

然而，在過度重視升學的臺灣，考試領導教學也是普遍存在的現象，

換言之，**考題與評量的質量和內涵，嚴重影響教學方向**（陳雅慧，2013）。

另一方面，教師在教育革新的洪流中，莫不積極投入於教學創新、教學策略或教學技巧的精進，

那麼，教學評量是否也因應教學革新而有所不同？

在愈來愈重視語文素養的今日，現場教師最易直接參與命題的定期評量中，**在國語文領域試題編制上是否因此有所改變？**

進一步來說，在學校的教育系統之中，課程、教學與評量構成了學生學習的鐵三角。

課程代表學習的內容與材料，教學代表了引導學習的方法與技巧，評量則是代表學生學習成果的檢核與展現。

在大部分的語文老師眼中，課程的具體化就是教科書（課本和習作），教學無非是老師的講述或透過提問引導小組討論；

評量呢？除了平時的小考（包含聽寫、非正式的各類隨堂測驗卷），最重要的，莫過於**每學期二次或三次的定期評量**，這幾乎是親師生三者的共同焦點，因為每位學生的分數，似乎就代表他這陣子努力的結果。

然而，定期評量真的只是為了得到一個分數嗎？

還是它也可以帶來的另外的效果，比如**再次學習**的可能？

評量的現況

隨著十二年國民教育課程綱要的頒布，「素養」導向的課程與教學如何設計，儼然成為核心議題之一。

然而，觀諸國語文領域課程綱要相關內容，關於素養導向之評量設計原則卻著墨甚少；

此外，筆者觀察中小學現場，國語文定期評量雖然扮演決定學生學期成績的重要角色，但其題型及內容，卻數十年沒有太大的改變。

舉例而言，國際教育成就評鑑協會（IEA）自 2001 年開始，每 5 年即針對 10 歲學生進行 PIRLS 之閱讀理解能力國際評比。

臺灣於 2006 年開始參與，排名為 22 名。自此，教育部開始重視中小學的閱讀理解教學，推出各項相關研習，增長教師閱讀教學相關知能，以期盼提升臺灣整體之排名。其後，2011 年的成績提升至第 9 名，2016 年的成績則是上升至第 8 名，可謂卓然有成。

由於近年來 PISA 及 PIRLS 對臺灣閱讀教學的影響，已經有不少中小學的國語定期評量漸增列「閱讀測驗」之題項，

但其測驗內容設計仍較偏**直接理解歷程**為主，加諸**閱讀理解評量設計品質良莠不齊**，其所測得之閱讀表現，即有討論的空間。（不急不急，本書第六章有詳細說明如何設計）

整體觀之，**評量設計之良善與否，與學生語文學習表現之正確解讀，以及其後之補救教學因應策略擬定有密切相關，不得不慎。**

評量相關文獻少

近十年來，關於評量，較耳熟能詳的，大致以「多元評量」為主（如實作評量、檔案評量、動態評量等），企圖在傳統的紙筆測驗之外，能增添多元的思考。

然而，也因如此，「紙筆測驗」的形式與內容，則一如往常的實施，較少受到學界或實務界的關注。

以國語文定期評量為例，筆者檢索國家圖書館之〈臺灣期刊論文索引系統〉，同時以「國語」與「評量」為關鍵詞，自 2004 年至 2017 年，竟然只有 9 篇論文。

其中，與中小學國語文定期評量有關的，只有白雅惠（2009）的〈淺談國小國語文修辭評量試題〉；吳明倩、林怡如（2007）的〈淺談國語科聆聽教學評量〉；許天維、蔡良庭（2006）的〈國小六年級國語文學習成就評量在學習現狀上的反應〉；邱彥瑄（2005）的〈國語文動態評量之教學設計——注音符號闖關活動〉等幾篇。

Assessment for learning

評量的目的與本質，在於利用問題檢視學生的學習狀況，學生亦藉此得到相關「量」與「質」的回饋。

史美瑤（2013）即認為提到學習回饋的方法時，一般教師想到的就是考試，用考試來測知學生學到多少老師教過的東西。

然而，除此之外，是否還有其他可能？

當談到「以學生學習為中心的教學設計」主題時，教師必須進行教學的調整，同等重要的就是「學生學習成就評量」方式上的改變——

讓學生接受評量的同時，也再次的學習，也就是「評量即學習」的作法。

Grant Wiggins（1998）提出的兩種不同的評量觀念，一種是「審核性」的評量，一種是「教育性」的評量。

「**審核性**」的評量指為了檢核學習成果的評量（就是目前定期評量的狀況）；

「**教育性**」的評量則是屬「**前瞻性**」（forward looking）的評量，其可透過多層的評量方式，提供**學生在學習過程中不同的回饋與再學習的機會。**

其主要目的是幫助學生**知道如何學（learning how to learn）、如何可以學得更好**，而且**可以靈活運用所學到的知識和技能。**
目視當前，我們的教育系統通常要求學校給學生一個成績，而一般教師也往往受限於時間不足，而想不出除了給學生打分數以外，還有什麼其他的回饋方式，可以幫助學生學得更好。

國語文作為其他學科的基礎之一，其評量的角色更顯重要。
若能以**「為學習而設計」的評量（Assessment for learning）**角度出發，
重新思考與調整目前國語文定期評量的題型與內容，將有助於拓展評量帶給學生的影響。

這也是撰寫本書的初衷。

Chapter 2

語文評量
的架構

談論語文評量的設計，不能只見樹而不見林，

（雖然我知道大部分的老師比較著急於「題目」的修正）；

相對的，身為一位專業的語文教師，應該能先見林，再識樹。（也包含如何種樹）

也就是說，在此讓我們先談談十二年國教課綱，也順便了解一下其他學者提出來的語文評量架構，

再來看每個項目如何設計或調整，更能體現語文評量的「整體性」與「序列性」。

（忍耐一下吧，我知道您沒那麼喜歡讀課綱和硬邦邦的學者說……）

十二年國教課綱怎麼說

在 2003 年公告的〈國民中小學九年一貫課程綱要〉中，充斥著三百多條的「能力指標」（天哪，你得相信，我真的數過），揭示各學科領域由「知識本位」（知道什麼）走向「能力本位」（能做什麼），希望孩子能習得**帶得走的能力**。

2018 年公告的〈十二年國民基本教育課程綱要語文領域（國語文）〉新課綱（教育部，2018），則轉化修正原本的「能力指標」為「學習表現」（六大語文能力展現），並加入具體「學習內容」（文字、文本、文化）的說明，

擴大傳統語文教學對於「國語文」的定義及用途，
朝向培養公民「**多元識讀能力**」的方向邁進。

什麼是「多元識讀能力」？

意思是強調公民除了運用語文的「**能力**」，更強調「**情意**」及「**態度**」層面的培養；

亦即培養學生體察不同的**社會情境**、**文化脈絡**的差異，了解如何在各種語境中，利用語文進行**理解**、**溝通**、**解決問題**的能力，並能針對不同語文訊息進行高層次的**思考**、**批判**，以整合訊息，做出判斷。

此外，更要引導學生樂於精進語文能力，持續吸收新知，體會文字、文本及文化的內涵和特質，主動吸收國語文的知識，形成自己的論述體系。

舉例來說，如果我們的孩子要從臺北搭高鐵去看「五月天」樂團的演唱會，他必須看懂宣傳海報上的「說明文」，依指示到指定的地點購買門票及高鐵票，在演唱會當天能「讀懂」一路上各類的說明文字，直到他能抵達會場，這已經不容易了。

而演唱會晚上，一首首富含「詩意」的歌詞，多樣的旋律流洩盤繞在每個人的腦海，他們透過音樂與文字的理解、感受，跟

著笑，隨著哭，直到演唱會結束，為自己留下美好的回憶。

如果孩子們沒有足夠的多元文本的識讀能力，這次的旅程想必很難順利完成。

以下，是幾項〈十二年國教語文課綱〉的特色：

能力指標不見了，由「學習重點」取而代之

國語文領綱的理念及目標，以總綱的三大面向——「學習經驗的連貫」、「語文素養的深化」及「自學能力的培養」為軸，延伸至領綱，呈現出：

「學生語文能力的培育」、「語文素質的涵養」、「文化教育的薰陶」等目標，以培養學生解決問題的能力，奠定終身學習的基礎。

其次，領綱在內容上，以往占了許多篇幅的分段能力指標也由「學習重點」所取代。學習重點分為兩大部分：**「學習表現」與「學習內容」**。

「學習表現」下轄六大類，分別為**聆聽、口語表達、標音符號與運用、識字與寫字、閱讀及寫作**。這是由九年一貫課程中的六大主軸能力指標轉化而來。重要的改變有：

1. 原本的「注音符號」改為「標音符號與運用」，並由第一項
   主軸後移至第三項主軸；

   （我來說說理由吧！首先，小學生入學時，已經具有基本的
   聽說能力，才開始學注音符號，所以能力軸就往後移了。其
   次，為何改為標音符號呢？因為標音符號包念注音符號，也
   兼容了其他標音的可能，如羅馬拼音、國際拼音，至於還有
   什麼可能，我就不知道了）

2. 「說話」改為「口語表達」；

   （就我的認知，說話是單向的，口語表達更強調應考量聽者
   的需求與理解）

3. 原本的能力指標（現改稱學習表現）大幅精簡，並更為具體
   明確。

   （這次我不一條條數了，但大致上精簡了三分之二吧）

「學習內容」分為三大類、十二項

「學習內容」是此次新增的，說明了語文學習的主要內容。

其下分為「**文字篇章**」、「**文本表述**」、「**文化內涵**」三大主類別，
分述相應的十二項。

「文字篇章」（文字）類包括「標音符號」、「字詞」、「句段」
及「篇章」四項；

「文本表述」（文本）類包括「記敘文本」、「抒情文本」、「說

明文本」、「議論文本」及「應用文本」五項；

「文化內涵」（文化）類包括「物質文化」、「社群文化」及「精

神文化」等三項。

圖：國語文學習內容

仔細檢閱學習內容，有一些內容值得注意，

例如：識字的內容強調「**識多寫少**」，明確的規範了「認讀字」

（只要會識與讀即可）及「習寫字」（識、讀、寫皆須習得）的數量。

又如，小學階段新增了「**抒情文本**」，這是過去在小學「文體」

類別中未曾出現的。

每週授課節數：低 6 中高 5

九年一貫課程的國語文每週時數是具有彈性的（每週占學習領

域的百分二十至三十之間，記得吧？嗯，好，沒關係，都過去

了），也造成**各校節數有所不同**。

此次明確規定國語課在第一學習階段（小學一、二年級）每週應修習 6 節課；

第二至第四學習階段（國民小學三至六年級及國中階段）每週 5 節課。

但學校仍有彈性時間可以增加國語文的學習時數，

也就是新課綱**規定了國語課週時數「下限」，在不影響其他領域學習的情況下，學校還是有彈性規畫的空間。**

學習重點編碼大不同，數字字母有分別

承前所述，**學習重點**分為**學習表現**與**學習內容**兩類編碼方式，皆為三碼。

學習表現的六個主軸「聆聽」、「口語表達」、「標音符號與運用」、「識字與寫字」、「閱讀」及「寫作」**以 1 至 6 數字編號**。

學習內容以英文字母 ABC 編號。共分三類：「文字」A、「文本」B、「文化」C 三主軸，下分十二類：「文字」類包括「標音符號」Aa、「字詞」Ab、「句段」Ac 及「篇章」Ad 四項；「文本類」包括「記敘文本」Ba、「抒情文本」Bb、「說明文本」Bc、「議論文本」Bd 及「應用文本」Be 五項；文化類包括「物質文化」Ca、「社群文化」Cb 及「精神文化」Cc 三項。

兩類之**第二碼為學習階段（Ⅰ、Ⅱ、Ⅲ、Ⅳ、Ⅴ）**，**第三碼為流水號**。

例如：「2-Ⅱ-3 把握說話的重點與順序，對談時能做適當回應」；或「Ba-Ⅲ-1 順敘法與倒敘法」。

實施要點略增刪、課程教學評量有原則

回顧原來九年一貫課程之實施要點有「教材編選原則」、「教學原則」與「學習評量」等三大項；

十二年國教國語文課綱則強調「**適性教育**」，並為各層級國語文教育之課程發展、教材編選、教學實施、教學資源及學習評量等提供具體的建議。

其中，在新增的「課程發展」一項，強調國語文之課程發展，以適性揚才、終身學習為願景，並提示學校安排課程時應重視**一貫性、銜接性、統整性、差異性、多元性、實用性**等六大原則。

這些雖然是理念或原則性的宣示，但對於國語文教科書的編寫，或者是學校本位課程的發展具有重要的提示作用，也很不錯呢！

十二年國教課綱在教材編選方面，明確規定國語文教材的編選，應把握**語文核心素養**的要求，並搭配**差異化教學**及**補救教學**之理念，按**文本表述**方式、文字深淺、內容性質，有系統地編排課文，並應顧及聽、說、讀、寫能力的結合。

教材的編選應根據學習重點以及學生認知特質、情意發展，強調不同階段的重點差異和階段間的縱向銜接，並提供**高層次認知思考能力**的學習素材，讓學生習得運用知識以**解決問題**的能力。

這段話提示教師們在教學內容的設計上，**應以素養導向的設計原則，以多元文本的形式，將語文學科知識轉化為生活中的學習策略，並用之於語文相關的問題解決，以體現「語用」的核心原則。**

如果課程教材是教學的內容，猶如下廚前將食材準備好，接著就要大展身手了，用適切可行的方式來完成美食。

因此在教學實施方面，指出教學實施應顧及學生的能力、興趣及**多元智能**需求，靈活採用各種有效的教學策略，以達成教學目標。

教師在選擇教學方法時，應善用**不同形態的師生互動模式**，循序漸進地引導學生，將學習的責任逐步轉移到學生身上。

在教學資源方面，提示學校應根據不同學習階段間的縱向銜接，有效整合校內外人力資源，與民間組織、產業界攜手合作，提供**國語文教學資源**，如補救教材與診斷工具等，以精進課程，提升學生學習成效。

最後，與本書最為相關的學習評量方面，則提及**應顧及學生的**

能力、興趣及多元智能需求，依據教學的需求，靈活採用各種**多元評量**及**診斷式評量**，由教學決定評量內容，並由評量結果導引教學，使教學與評量緊密結合。

這段話也是原則性的說明，相信專業的教師都能了然於心；然而，您真的懂得如何落實嗎？

讓我們繼續看下去⋯⋯

兩次課綱的評量說明比較

自 1968 年臺灣正式實施九年義務教育以來，歷來的國語文課程綱要（1994 年之前稱為**課程標準**）除了規範與指引了國語文的課程與教學發展目標之外，對評量也有列項說明。

以 2008 年版九年一貫課程中提及「學習評量」（教育部，2008，頁 44-45）為例，其重點如下：（有點多，請耐心閱讀，先別跳過）

1. 學習評量範圍應包括：注音符號運用、聆聽、說話、識字與寫字、閱讀、寫作等六大項目，並參照各階段基本能力指標，依不同階段及學年，評量其基本學力。

2. 學習評量目的在提升學生學習效能，宜包含形成性及總結性評量二部分，前者用於平常教學活動中隨機檢覈，以發現和診斷問題；後者採定期實施，旨在評定學習成效。評

量時間及次數由學校自行訂定。

3. 評量方式的選擇應兼顧公平、適切和經濟等層面，除紙筆測驗外，可由教師配合教學，採多元評量方式，兼顧認知、情意與技能等面向，自行設計。亦可採檔案評量，將學生之學習態度、學習活動、指定作業及相關作品加以記錄，整理為個人檔案，作為評量參考，列入評量標準。

4. 教育部宜發展語文基本學力量表，作為各縣市自評或辦理評鑑之依據。

5. 注音符號之運用能力，除評量其正確認念、正確拼音外，更宜結合聽說、閱讀、寫作等基本學力表現，配合階段能力指標，著重綜合應用能力之評量。

6. 聆聽能力之評量，宜參考能力指標，就態度、主題掌握、內容摘記、理解程度、記憶能力等要點進行評量。

7. 說話能力之評量，宜參考階段能力指標，就儀態、內容、條理、流暢、反應、語音、音量、聲調等要點進行評量。

8. 識字及構詞能力，宜配合閱讀及寫作教學評量，以了解其文字理解及應用詞彙之能力。

9. 書寫能力之評量，宜參考階段能力指標，兼顧技能與情意，並考查正確及美觀，其考查項目和內容，宜根據寫字基本能力標準或「語文基本能力量表」，選擇適當的方法

評量。

10. 閱讀能力之評量，宜參考階段能力指標，檢覈其文字理解與語詞辨析、文意理解與大意摘取、統整要點與靈活應用、內容深究與審美感受等向度，進行評量。課外讀物得自第二階段開始，列入學習評量的範圍。

11. 寫作能力之評量原則，可依階段能力指標，就創意、字句、取材、內容、結構、文法、修辭、標點等向度，自訂量表進行評量。

由上述內容可知，97 年版之國語文課程綱要乃以六大能力主軸分項敘述其評量要點，以「能力」為指向，較不論及評量的實質內容。

然而，這與目前學校的定期評量（二次或三次）的項目與內容，存在著不小的距離，因此九年一貫課程實施以來，似乎對中小學的定期評量沒有太大的影響，各校依然如故。

轉眼十年過去了，重新檢視教育部 2018 年一月頒布公告之國語文領域課程綱要，關於**學習評量**指出：

「學習評量應與教學緊密結合，由教學目標決定評量內容，並由評量結果導引教學。

評量的目的在提供教師有效資訊，藉以調整課程設計與教學策略，以提升學生學習效能，增強學習動機。

教學前應了解學生的先備知識，以利教學準備。教學時應採取多元評量方式，以了解學生的學習進展。教學後解讀學習結果的樣貌，運用評量結果調整下一步的教學。」

至於其評量原則如下：

1. 整體性：除重視注音符號運用、聆聽、說話、識字與寫字、閱讀、寫作等面向的表現外，並應強調學生國語文知識、技能與態度在實際生活中應用之檢覈。

2. 多元性：除紙筆測驗外，教師可彈性運用觀察、問答及面談、指定作業、專題研究、個人檔案等方式，多方了解學生的能力、學習進展和成效。

3. 歷程性：評量應協助學生發現並診斷其學習上的瓶頸，以促進學生持續成長，不只重視學生的學習成果，更重視學習歷程。

4. 差異性：學校可以根據學生能力，設定不同的評量方式以及標準，以增強學生的學習動機。

從上述內容可以發現，十二年國教國語文課綱對評量的「期待」，只有「原則」而沒有實質「內容」，較之九年一貫課程綱要，或者是過去的課程標準，更為「**寬鬆**」。

若正向看待，謂之「鬆綁」，若消極以視，則更是「無所適從」。（其所列的四項原則，幾乎適用於各領域，也是教師的基本認知，但無具體可參考的價值）

看來，只能依賴教師在評量設計的專業素養了。

素養導向之語文評量目標

承前所述，既然課程的評量原則，僅止於「原則」，為了梳理出未來十二年國教可依循的內容與架構，本書即由十二年國教核心素養具體內涵及國語文學習重點，試擬出語文定期評量目標，希望對實務現場的評量設計有所助益。

回顧國家教育研究院（2015）之《十二年國民基本教育課程發展指引》指出：「**核心素養**」**是指一個人為適應現在生活及未來挑戰，所應具備的知識、能力與態度。**

「核心素養」承續過去課程綱要的「基本能力」、「核心能力」與「學科知識」，但涵蓋更寬廣和豐富的教育內涵。

核心素養的表述可彰顯學習者的主體性，不再只以學科知識作為學習的唯一範疇，而是關照學習者可整合運用於「**生活情境**」，強調其在生活中能夠實踐力行的特質。

依此，可知語文評量必須能貼合生活情境的應用與實踐。

依課綱所示，九項基本素養分別為：

A 自主行動（A1 身心素質與自我精進、A2 系統思考與解決問題、A3 規畫執行與創新應變）；

B 溝通互動（B1 符號運用與溝通表達、B2 科技資訊與媒體素養、B3 藝術涵養與美感素養）；

C 社會參與（C1 道德實踐與公民意識、C2 人際關係與團隊合作、C3 多元文化與國際理解）。

依此，課綱羅列了中小學國語文核心素養之具體內涵（教育部，2018，頁 3-5），如下：

核心素養三面向	核心素養九項目	國民小學國語文核心素養具體內涵	國民中學國語文核心素養具體內涵
A 自主行動	A1 身心素質與自我精進	國-E-A1 認識國語文的重要性，培養國語文的興趣，能運用國語文認識自我、表現自我，奠定終身學習的基礎。	國-J-A1 透過國語文的學習，認識生涯及生命的典範，建立正向價值觀，提高語文自學的興趣。
	A2 系統思考與解決問題	國-E-A2 透過國語文學習，掌握文本要旨、發展學習及解決問題策略、初探邏輯思維，並透過體驗與實踐，處理日常生活問題。	國-J-A2 透過欣賞各類文本，培養思辨的能力，並能反思內容主題，應用於日常生活中，有效處理問題。
	A3 規畫執行與創新應變	國-E-A3 運用國語文充實生活經驗，學習有步驟的規畫活動和解決問題，並探索多元知能，培養創新精神，以增進生活適應力。	國-J-A3 運用國語文能力吸收新知，並訂定計畫、自主學習，發揮創新精神，增進個人的應變能力。

B 溝通互動	B1 符號運用與溝通表達	國-E-B1 理解與運用國語文,在日常生活中學習體察他人的感受,並給予適當的回應,以達成溝通及互動的目標。	國-J-B1 運用國語文表情達意,增進閱讀理解,進而提升欣賞及評析文本的能力,並能傾聽他人的需求、理解他人的觀點,達到良性的人我溝通與互動。
	B2 科技資訊與媒體素養	國-E-B2 理解網際網路和資訊科技對學習的重要性,藉以擴展語文學習的範疇,並培養審慎使用各類資訊的能力。	國-J-B2 運用科技、資訊與各類媒體所提供的素材,進行檢索、統整、解釋及省思,並轉化成生活的能力與素養。
	B3 藝術涵養與美感素養	國-E-B3 運用多重感官感受文藝之美,體驗生活中的美感事物,並發展藝文創作與欣賞的基本素養。	國-J-B3 具備欣賞文學與相關藝術的能力,並培養創作的興趣,透過對文本的反思與分享,印證生活經驗,提升審美判斷力。

C 社會參與	C1 道德實踐與公民意識	國-E-C1 閱讀各類文本,從中培養是非判斷的能力,以了解自己與所處社會的關係,培養同理心與責任感,關懷自然生態與增進公民意識。	國-J-C1 閱讀各類文本,從中培養道德觀、責任感、同理心,並能觀察生活環境,主動關懷社會,增進對公共議題的興趣。
	C2 人際關係與團隊合作	國-E-C2 與他人互動時,能適切運用語文能力表達個人想法,理解與包容不同意見,樂於參與學校及社區活動,體會團隊合作的重要性。	國-J-C2 在國語文學習情境中,與他人合作學習,增進理解、溝通與包容的能力,在生活中建立友善的人際關係。
	C3 多元文化與國際理解	國-E-C3 閱讀各類文本,培養理解與關心本土及國際事務的基本素養,以認同自我文化,並能包容、尊重與欣賞多元文化。	國-J-C3 閱讀各類文本,探索不同文化的內涵,欣賞並尊重各國文化的差異性,了解與關懷多元文化的價值與意義。

依上述內容，簡要概括要旨如下九項語文學習評量之目標：

1. 學生是否具有學習語文的興趣。
2. 學生是否能掌握與賞析各類文本，並運用語文學習與思辨的能力
3. 學生是否能運用語文充實生活、解決問題與創新應變。
4. 學生是否能理解與運用語文與他人達成良性溝通。
5. 學生是否能善用資訊科技擴展語文學習，並具有良好的媒體素養。
6. 學生是否能感受生活，展現藝文創作與欣賞的能力。
7. 學生是否能透過文本閱讀，培養道德實踐與公民意識。
8. 學生是否能以良好的語文能力表達想法與互動溝通。
9. 學生是否能藉由不同文本的閱讀，體悟多元文化的價值。

綜言之（重點來了），語文的學習不再只是語文知識的積累，更重要的是「語用」（語文應用）。

語文學習的目標在於：**讓學生能學習語文，也透過語文學習，更進一步應用在問題解決、創新應變、人際互動、美感陶冶、媒體素養等方面。**

各式各樣的語文評量架構

在著手編寫此書之前，筆者花了許多時間尋找國內相關語文評量的論著，結果發現這方面系統性的研究非常少。

以下以目前我能找到較具參考性的內容，整理一些可供教師們參考的語文評量架構，也許對接下來我們要談的語文定期評量有所幫助。

華語文能力測驗

語言是人類溝通交流的基本工具之一，而文字更是人類知識經驗的重要載體，因此，若說語文能力是中小學學生學習各領域的重要基礎，並不為過。

首先出場的是——柯華葳於 2004 年編著的《**華語文能力測驗編製——研究與實務**》。

這本書雖然是針對華語文能力測驗而編寫，但書中對於各類的語文能力架構，筆者認為也相當適用於國語文的能力檢測，包含了聆聽、口語表達、詞彙、閱讀等面向。

以下列舉一些重要原則，並略為修正字句供您參考。

一、聽力理解試題的設計

（一）聽力理解能力架構

1. 主旨的掌握

2. 細節的記憶

3. 高層次理解推理

（二）題目設計

1. 口述一個簡單的事件

2. 口述幾個人或幾件事之間相互的關係

3. 透過對話傳達事實

4. 透過對話推論某一態度、目的或情感

5. 複雜的組合——包括傳達事實，體會感情、態度等內容的長段對話

（三）題目編製原則

1. 選項文字盡量簡明易懂

2. 辨音的誘答

3. 題目重在「理解」而不在記憶細節訊息

二、口語表達試題的設計

（一）口語表達能力架構

1. 具日常會話的能力

2. 能採正確表達形式

3. 具成段的表達能力

（二）口語表達題目形式

1. 朗讀：請學生依據試題上的指示朗讀

   可分為：單詞朗讀、句子朗讀、短文朗讀

2. 跟讀：請學生跟著口試老師或錄音內容朗讀

3. 回答問題：請學生回答口試老師的提問，或按照試卷題目回答。

   題目類別：一般會話、情境對話、難題解決

4. 組織句段（　　將失序的句子，重新順暢的表達）

5. 即興論述（　　此即評論性或創意性的表達）

（三）試題編製原則

1. 時間的長短

2. 語句內容的深度與廣度

3. 難易的分級

（四）口語表達試題的評分

1. 朗讀：包含聲調、語音、流暢、可理解性、詞彙等

2. 自由表達：包含詞彙、句子銜接、語法邏輯、句段完整、切合主題等

三、詞彙試題的設計

（一）詞彙能力架構

1. 在上下文中理解「新詞」的詞義

2. 在上下文中判斷「適切」的用詞

（二）題目設計

1. 以單句的形式呈現

2. 以短文形式出現，再以克漏（cloze）方式呈現試題

（三）試題編製原則

1. 所有的選項難度應大致相當，屬於同一等級詞彙

2. 所有選項應盡可能只涉及同一領域、同一種事物與活動

3. 選項採用解釋性的說明，應避免牽強附會

4. 選項詞彙替換到題幹的語句時，應維持句子、語法、語意的通順

四、閱讀理解試題的設計

（一）閱讀理解能力架構

1. 提取主要事實和重要細節

2. 摘取文章大意

3. 根據文章內容以作者的角度解釋與推論的能力

（二）閱讀材料選擇

1. 閱讀測驗分為短篇與長篇兩類

2. 材料內容應該是新穎而非常識性的（＊怕會受到學生經驗的影響）

（三）試題編製原則

1. 題意具體而清楚，讓學生明確知道問題的意思

（　避免過多書面語與專有名詞）

2. 在選項中，特別是正確答案，要避免與閱讀材料中相同的措詞

3. 每一個誘答選項都應和正確答案一樣具有相當的吸引力

（　反例：至聖先師是？(1) 孔子； (2) 桌子； (3) 椅子； (4) 帽子）

4. 題目與題目之間應互相獨立，不能使學生因為會做上一題便自然會做下一題，或因為不會做這一題而影響後續作答

（　這就是傳說中的**母子效應**）

5. 題目陳述要簡明，選項要扼要，類似敘述或修飾語應集中於題幹上

6. 有序列性質的選項依序列呈現

上述內容是以華語文檢測架構與內容為對象。

國小語文能力檢測：以新北市為例

自 2000 年左右臺灣各縣市教育局即開始進行「學力測驗」，施測對象略有不同，四年級至六年級皆有，而且施測架構也有所差異。

以下即介紹新北市教育局在孫劍秋的指導下，由一群優秀的老師共同編製的「語文能力檢測」。

由於新北市語文能力檢測已實施多年，筆者在此採其 2018 年 6 月進行的五年級學生國語文能力檢測為例，若未來對最新架構及內容有興趣，可逕洽教育局詢問。

施測內容分為兩部分，**封閉式題目採測驗題形式，共有 32 題；開放式題目為一題問答題**。

關於其測驗內容架構，測驗題部分包括國語文六大能力中的**注音符號應用能力、識字與寫字能力、閱讀能力、寫作能力**，受限於測驗形式，**沒有進行聆聽能力與說話能力的測驗**。

語文內容向度包括**字音、字形、詞句理解、段篇理解、語文表達、寫作技巧**六項，其中又再細分為**同音字、音近字、一字多音、辨認字形、部首辨識、詞義理解、句意理解、檢索訊息、推論訊息、詮釋整合、比較評估、組織句子、檢查病句、標點符號、修辭技巧**等十四項。

在 Bloom 的六個認知向度方面，受限於測驗形式，以**記憶、理解、應用、分析、評鑑**五項為主，沒有針對創造一項進行測驗。以下是其細目表。

表 1 ：新北市國小五年級國語文測量評量向度細目表

命題範圍：一年級～五年級上學期

國語文能力分類	評量項目	評量內涵	認知向度	能力指標
1. 注音符號應用能力	1. 字音	1. 同音字、音近字	記憶	1-3-1 能運用注音符號，理解字詞音義，提升閱讀效能。 4-3-1 能認識常用國字 2,200-2,700 字。
		2. 一字多音	了解	
2. 識字與寫字能力	2. 字形	3. 辨認字形	記憶	4-3-1 能認識常用國字 2,200-2,700 字。
		4. 部首辨識	了解	4-3-2 會查字辭典，並能利用字辭典，分辨字義。
3. 閱讀能力	3. 詞句理解	5. 詞義理解	了解	5-3-1 能掌握文章要點，並熟習字詞句型。
		6. 句意理解	了解	
	4. 段篇理解	7. 檢索訊息	了解	5-3-3 能認識文章的各種表述方式。 5-3-5 能運用不同的閱讀策略，增進閱讀的能力。
		8. 推論訊息	了解	
		9. 詮釋整合	分析	
		10. 比較評估	分析	
4. 寫作能力	5. 語文表達	11. 組織句子	分析	6-3-1 能正確流暢的遣詞造句、安排段落、組織成篇。
		12. 檢查病句	評鑑	6-3-5 能具備自己修改作文的能力。
		13. 標點符號	應用	6-2-9 能了解標點符號的功能，並在寫作時恰當使用。
	6. 寫作技巧	14. 修辭技巧	了解	6-3-6 能把握修辭的特性，並加以練習及運用 。

註：本表取自新北市國民小學能力檢測網站 http://edutest.ntpc.edu.tw　2018.06.20

此架構如果對應於國小的定期評量，具有重要的參考價值；
但關於前述提及的素養導向設計，則有賴教師參循「生活情
境」、「問題解決」及「學習策略」等原則，費心思考與設計了。

國中國文檢測架構

每次我面對國中國文老師演講時，總是以「崇敬」的態度向他
們分享相關內容，因為關於國中國文科會考，眾人流傳的原則：
「課本內的不考，考的都是沒有教的」（雖然這算是誇飾，因
為不可能都無關，但可略表心聲吧），**這對國中國文老師是如
何的挑戰呀！**

因此，國中的會考一直深刻的影響著國中國文的定期評量命題
方向，目前有許多學校也著手進行評量命題的改進，希望能朝
向「素養導向」設計發展。

以下先以在這方面有深入研究的鄭圓鈴相關著作（鄭圓鈴，
2008，頁 20-23；鄭圓鈴，2004），剖析國文命題架構，至於
如何具體命題，請參考本書第四章至第六章。

表 2：鄭圓鈴編製之國文科「試題結構分析表」

教學目標	評量指標	評量細目	認知能力
1. 能認識字形	1-1 確認正確字形	1-1-1 詞語	記憶
		1-1-2 句子	記憶
		1-1-3 段落	記憶
2. 能認識讀音	1-2 回憶形近字形	1-2-1 詞語	記憶
		1-2-2 句子	記憶
		1-2-3 段落	記憶
3. 能認識詞意	3-1 確認詞語意涵	3-1-1 成語涵義	記憶
		3-1-2 成語關係	記憶
		3-1-3 文化詞涵義	記憶
	3-2 詮釋詞語意涵	3-2-1 字義	理解
		3-2-2 詞義	理解
		3-2-3 圖形涵義	理解
	3-3 比較詞語意涵	3-3-1 多義詞	理解
		3-3-2 數字詞	理解
	3-4 分類詞語意涵	3-4-1 聲音新詞	理解
4. 能認識句義	4-1 詮釋句子涵義	4-1-1 句義	理解
		4-1-2 語序	理解
		4-1-3 其他	理解
	4-2 推論句子要點	4-2-1 觀點	理解
		4-2-2 語氣	理解
		4-2-3 邏輯	理解
	4-3 比較句子關係		理解
	4-4 舉例句子特定觀點		理解

		5-1-5 現代文	理解
	5-1 摘要段落要旨	5-1-2 文言文	理解
		5-1-3 韻文	理解
		5-1-4 圖表	理解
		5-2-1 現代文	理解
5. 能認識段意	5-2 推論段落觀點	5-2-2 文言文	理解
		5-2-3 韻文	理解
	5-3 推論段落標題		理解
		5-4-1 現代文	理解
	5-4 摘要段落內容	5-4-2 韻文	理解
		5-4-3 應用文	理解
		6-1-1 人物	理解
	6-1 推論文化常識	6-1-2 典籍	理解
		6-1-3 節慶習俗	理解
6. 能認識文化常識	6-2 推論文學常識	6-2-1 格律	理解
		6-2-2 風格	理解
	6-3 推論書體及六書常識		
	6-4 推論工具書常識		
		7-1-1 譬喻	理解
		7-1-2 映襯	理解
7. 能認識修辭法	7-1 舉例修辭法	7-1-3 借代	理解
		7-1-4 轉化	理解
		7-1-5 設問	理解
		7-1-6 雙關	理解

		7-1-7 對偶	理解
		7-1-8 層遞	理解
		7-1-9 回文	理解
		7-1-10 諧音	理解
8. 能認識語法	8-1 分類複詞	8-1-1 合義複詞	理解
		8-1-2 衍聲複詞	理解
		8-1-3 偏義複詞	理解
		8-1-4 其他	理解
	8-2 分類詞性	8-2-1 詞性	理解
		8-2-2 詞性活用	理解
		8-2-3 詞語結構	理解
	8-3 分類句法結構		理解
	8-4 分類簡句	8-4-1 判斷句	理解
		8-4-2 有無句	理解
		8-4-3 敘事句	理解
		8-4-4 表態句	理解
9. 能認識寫作格式	9-1 實行恰當詞語	9-1-1 成語	應用
		9-1-2 詞語	應用
		9-1-3 連接詞	應用
		9-1-4 數量詞	應用
		9-1-5 其他	應用
	9-2 實行恰當句子		應用
	9-3 實行恰當段落	9-3-1 重組	應用
		9-3-2 標點符號	應用

10. 能認識應用文格式	10-1 實行應用文格式	10-1-1 書信	應用
		10-1-2 束帖	應用
		10-1-3 對聯	應用
		10-1-4 題辭	應用
		10-1-5 稱謂語	應用
11. 能認識短文閱讀（題組）	11-1 現代文閱讀	11-1-1 詮釋詞語涵義	理解
		11-1-2 詮釋句子涵義	理解
		11-1-3 摘要短文內容	理解
		11-1-4 推論短文觀點	理解
		11-1-5 解釋短文模式	理解
		11-1-6 其他	理解
	11-2 古文閱讀	11-2-1 詮釋詞語涵義	理解
		11-2-2 詮釋句子涵義	理解
		11-2-3 摘要短文內容	理解
		11-2-4 推論短文內容	理解
		11-2-5 解釋短文模式	理解
		11-2-6 其他	理解
	11-3 韻文閱讀	11-3-1 詮釋詞語涵義	理解
		11-3-2 詮釋句子涵義	理解
		11-3-3 摘要短文內容	理解
		11-3-4 推論短文內容	理解
		11-3-5 解釋短文模式	理解
		11-3-6 其他	
12. 其他			

（＊鄭圓鈴之「實行」一詞，近似於適切表達與應用之意。在此保留原用詞）

上表呈現的內容可謂相當的「**細緻**」。

一般而言，如果是學校的國文定期評量，因應三次或兩次段考其學習內容的限制（一個半月或二個月），能對應的細項其實是有限的；

但如果學校的國語文領域小組或教學研究小組，能在**審題時將每次段考的試題進行分析**，或許可以一學期或一學年為單位，即可知道學校命題內容是否分配均衡或過多重疊之處。

此外，還有一點值得注意，如果從本書強調的素養導向設計，此細項架構似乎較偏「**國文知識**」的成分，至於「**生活情境**」**或**「**問題解決**」**，乃至於情意、態度都還有一些可以增加檢視的向度**。

審閱試題的重要原則

關於試題品質的審閱，在此再次引用鄭圓鈴所整理的原則；他針對國中國文試題品質的審閱提出了一些重要的原則（鄭圓鈴，2008）。

以下為筆者的整理，也加了部分修正及補充說明，可供您審閱試題的參考。

一、試題內容的審閱

（一）整體內容

□ 試題為語文學科核心、基本、重要的知識或能力。

□ 試題給予充分的答題情境，最好是生活情境。

□ 試題清楚表達題意（　　避免使用專業領域的術語或名詞❷）

□ 試題內容未過於繁雜或提問一個以上的問題

□ 試題只評量一種能力（就是後面會提到的一題一評點）

□ 試題只有一個正確答案（　　就選擇題而言）

□ 試題不會過難或過易

□ 學生的回應能顯示評量目標上所期待之知能（　　避免以經驗
　　即可答題）

（二）題幹設計

□ 題幹的附圖或附表很清楚

□ 題幹形式清晰不會引起閱讀誤解或干擾閱讀

□ 題幹的術語不會與教學內容衝突或超出教學範圍（　　如果必
　　須使用專業術語）

□ 題幹的提問重點敘述清晰明確

---

❷ 此部分我和鄭老師的看法剛好相反，我不支持在試題使用專業術語，比如各項修辭的名稱。

□ 題幹的提問重點符合教學目標

□ 題幹的提問重點沒有爭議（ 不會因人而有不同的解讀）

（三）選項設計

□ 選項提供正確的答案（ 不要笑，有些答案教師們的看法還不一定相同呢）

□ 選項敘述清晰不會引起誤解

□ 選項敘述能呼應題幹的提問重點

□ 選項內容是學習重點

□ 選項內容安排合乎邏輯（ 例如依文序出現選項內容）

（四）試題公平性

□ 題目的訊息並無隱含對性別、種族的歧視

□ 題目的訊息不為某些地理區的人所熟悉的，因而造成對其他地理區的人不公平（ 就是不應有城鄉或地域的差異性或優劣勢之區別）

□ 題目的訊息不為某些族群的人所熟悉的，因而造成對其他族群的人不公平

□ 除了該考科的能力之外，沒有其他因素會影響考生答對本題的機會

☐ 題目不是從坊間的參考書或補習班講義中抄錄出來（🧑‍🦰 還有題庫光碟）

☐ 題目不是從甄試或其他聯合考試中抄錄出來（🧑‍🦰 就是避免考古題）

☐ 題目不是從某些學校的月考、期考等大型考試中抄錄出來（🧑‍🦰 雖然你們感情可能不錯）

二、試題形式的審閱

（一）命題技巧

☐ 題幹與選項的文法一致，具有連貫性

☐ 題幹或選項中，沒有跟答題無關的字眼

☐ 題幹中已經避免「否定」和「雙重否定」的用語（🧑‍🦰 例如，下面哪一個沒有不是誇張的修辭，昏了吧）

☐ 題幹中若使用否定詞語，以底線標明否定用語

☐ 題幹或選項的表達方式，不會讓人容易猜到正確選項（🧑‍🦰 比如特別長的選項）

☐ 題幹未被分割

☐ 選項如果是數字，依數字由小至大排列

☐ 選項如果是字母，依照第一個字的先後順序排列

□ 選項的文字長度盡量一致（ 🙂 這其實很重要）

□ 選項重複出現的文字應置於題幹內

□ 無【以上皆是】或【以上皆非】等選項

□ 非正確答案的選項一定是錯誤的

（二）組題技巧

□ 累計分數與總分相符

□ 標準答案之分布均勻（ 🙂 若無調整，通常選項 2 或 3 比例較高）

□ 所提供之標準答案經命題委員相互核校正確無誤

□ 試題排序由簡至難

□ 🙂 試題排序依篇章順序，不宜跳題設計

上述內容為鄭圓鈴提供的審題原則，加上筆者的修正與提示；如果，我說如果，您還是覺得有點多，那以下提供**遇見精簡版**，提供您參考：

審題原則精簡版
☐ **評量點脫離文本內容或語文知識範疇** （ 🧑 比如問沉積岩和火成岩的差異）
☐ **評量點並非文本主題或主軸重點** （ 🧑 比如問主角的母親姓名為何）
☐ **此題無學習價值** （ 🧑 比如問圖片中主角所穿的衣服有什麼特色）
☐ **無須透過閱讀即可應答** （ 🧑 學生可以經驗來回答，不必閱讀文本）
☐ **題目過於零碎記憶內容**
☐ **題幹敘述不夠清楚明白**
☐ **學生難以理解題目內容**
☐ **選項設計應清楚明白**
☐ **部分選項不具誘答力**
☐ **題目的理解層次或順序混亂**
☐ **其他**（ 🧑 對，您也來想一個吧）

什麼，沒有舉例？請稍等，在第六章將有完整的內容及示例。

Chapter 3

國語文定期
評量的
設計思考

關於國語文定期評量設計原則，許育健（2014）（嗯，就是我啦）曾在〈**為學習而設計的評量：國語文定期評量之審題為例**〉一文中，提及國語文定期評量的重要性與設計原則，在此進一步提出「素養導向之語文定期評量設計原則」。

國語文定期評量，顧名思義，就是**學生在一段的國語文學習之後，教師為了解其學習成果所實施的評量活動。**
定期評量的構成，不外是**內容**與**題型**；內容是指評量的素材，題型是指評量的方式。
本書所指的素材是以國語文教科書的內容為主的語文材料；紙本測驗的題型不外是選擇題、填充題、配對題、接寫題、問答題、短篇寫作等。

因此本書對「**國語文定期評量**」的定義是：
教師為了解學生學習成果所實施的定期評量活動，通常是以學年為對象施測。
評量也是學習的歷程，因為透過評量可提供學生學習內容或方法的提示，促動進一步學習；同時，評量結束後，也**提供教師教學診斷，引領教學有效改變。**

根據前章所述，十二年國教強調語文素養，重視在教學中讓學生學到學習的方法、養成學習的習慣。

因此，在評量上，**應更加重視對學生國語文知識、技能與態度應用於生活實務與問題解決的檢覈。**

意義與目的：為學習而設計的評量

關於國語文定期評量，筆者認為「**學習性**」的意義，應該重於「**檢核性**」的意義。

因為中小學的國語文定期評量其性質其實是**介於形成性評量與總結性評量之間**；它不像隨堂小考的形成性，但也不是學習成就的總檢視（如國中教育會考）。

國語文的定期評量**僅是學習過程中的一個驛站，向後看看學到些什麼，也向前看未來還有什麼學習的目標**。因此，如果能以學習性評量的角度來設計，學生的學習會更豐碩。

此外，筆者多年來審視數十所中小學國語文定期評量，發現「**記憶性**」的題目占了相當高的比例。（幾乎在 60% 至 80% 之間，甚至更高）

既然如此，學生要能在此評量中獲得高分，不二法門即為「背多分」──背越多，分數越高。

也許，許多老師會說，以學習的歷程來說，學習的重要任務之一，乃在於抵抗「遺忘」這件事，因此要多費心思提醒學生「不要忘記」。

然而，以現今資訊科技如此發達的時代，當我們「忘了」某些記憶性的內容，我們通常不會太自責，因為我們可以使用手機、平板或電腦，問問「谷哥大神」或「百度一下」，很快的就能找到某人的某首詩，或某篇經典文章，乃至於包羅萬象的知識內容。（你可以看看維基百科內每天的訊息是如何的增長）

如果，我們除了「記憶」之外，似乎諸如「理解」、「應用」、「分析」、「綜合」與「評價」等（Bloom 的認知歷程）層次的能力，都沒有機會讓學生展現，這真是太可惜了！

試舉一例，許多老師要求學生背誦課文，再以其背誦的課文命題，例如：「第八課作者提到傳統美食的回憶，不包含下列哪一項？」

此文意測驗即是檢核學生對課文記憶的題目，這與「語文」學習的理解或應用分析能力較無相關；

若大部分的題目皆是如此，我們就此判斷學生的「語文」學習成就，這是不是太狹窄了？

諸此種種，值得我們深思檢討。

評量內容如何取捨？

評量的目的既是掌握學習成果，評量的內容理應符應平日之語文教學目標與內涵。

因此，欲編製一份國語文定期評量試題，首先應掌握評量素材的核心重點，亦即要進行**國語文教材的文本分析**。

工具性及文學性優先，文化性內容斟酌取用

國語文教育至少兼具「**工具性**」、「**文學性**」與「**文化性**」等特質（王萬清，1997；王玎等，2008；李漢偉，1999；何三本，2002；陳正治，2008；陳弘昌，2001；黃瑞枝，1997；羅秋昭，2007）。

工具性

文學性　　文化性

基於**國語文定期評量**的角色任務，其命題內容應以「**工具性**」的內容為主（字、詞、句、段、篇），也就是十二年國教語文領綱學習內容的「文字」面向；

其次為「**文學性**」內容（句段篇章內容與形式的深度探究，與語文領綱中的「文本」內涵接近），

最後才處理「**文化性／知識性**」內容（相關文化知識的補充延伸）。

換言之，當評量設計以「工具性」作為主要思考時，顯然「**聽、說、讀、寫**」等學習結果將交織於評量內容之中。（**若以紙筆測驗為主要工具，大致上只能以讀寫為主**）

若教學者以「**文學性**」為重要思維時，必然可於其評量設計中，看到「古今中外」等不同文學文本羅列其中；

若以「**文化性**」成為國語文評量的要點時，其內容必然著重於課文所呈現的文化與知識為主。

就三者的優先順序而言，國語文定期評量其目的為國語文學習成果的檢核評估，在命題的思考上，**應以「工具性」的學習內容**（如字詞句的意義與理解）**為優先設計考量，**

其次再以「文學性」（如寫作手法與情感觀點）**的思考與探究為評量重點，**

最後才處理「文化性」（如社會與自然科學的知識）**的內容。**

以某一試題為例：「賣擔仔麵的人最初的職業是什麼？」
(1) 農夫 (2) 漁夫 (3) 老師 (4) 獵人

此題**非語文工具性的學習內容，亦不具文學性的思考**，只是文化性的記憶內容。

更重要的是，就算此題答錯，也**與其語文能力檢視與增進無關**。此類試題是否值得設計，宜再三斟酌！

若從不同年級的比例分配而言，由於**中文的文字特性**（形繁、音難、義多變），在**學習初期，需要積累大量的語文基礎材料**。因此低年級的工具性內容評量比例較高，字詞再認與語句理解的內容大約占二分之一，高年級則要提高段篇理解與文學性內容的比例。

至於**文化性（人文社會學科）或知識性（自然科學相關）內容除非是重要學習目標，應盡量避免**，否則容易喧賓奪主，讓語文評量充斥了社會科或自然科的相關知識。

例如，課文中提到的淡水名產有哪些？這個題目即非關語文。

不急，以下會有更詳細的說明。

識字與閱讀的心理歷程

既然國語文定期評量的主要內容是語文工具性的範疇，也就是我們常說的：**字、詞、句、段、篇**。

在開始討論如何均衡配置這些內容前，

我們先請一位心理學大師，聽聽他──葛聶（Gagnè）怎麼說？

依他的研究結果，**純熟的閱讀是一項高度複雜的能力，**

閱讀過程中包含了許多歷程及敘述性的知識，

茲將閱讀的歷程分為四個階段進行說明（林清山譯，1997；岳

修平，1998；鄭麗玉，2000；黃亦麟，2010）。

1.解碼（decoding）

解碼認字是閱讀的基礎，所謂**解碼是指將書寫文字轉換成有意**

義的歷程。

解碼的歷程可以分成兩個部分：

第一個是**比對歷程**，指讀者閱讀文字時，可以直接與自己長期

記憶中的字義配對，不需要經過字音的轉換階段；

第二個歷程是**補碼歷程**，係指看見字時，間接觸發字義的心理

歷程。

在此階段中，讀者必須將閱讀文字轉換成聲音，再與自己長期

記憶中的字義配對。

2.文字理解（literal comprehension）

解碼時一旦確認字義後，某些部分就會輸入至此歷程，讀者經

由書寫文字過程中理解字面的意義。

此歷程包含了「詞彙觸發」與「語法解析」歷程兩個部分。

詞彙觸發是指辨認字的意義，當單字或字音確認時，讀者會從長期記憶資料庫中檢索與這些形式相關連結的意義。

因為每個人記憶中的字彙不同，因此詞彙觸發的歷程也會有所異。

語法解析歷程，是指將多個獨立的字詞意義組成較大單位的意義；換言之，讀者彙聚各種字義之間合適的關係形成意義，達成句子的理解。

上述兩種歷程都不算是完全理解，必須等詞彙觸發與語法解析兩者交互作用後，才能提供文字上真正的理解。

若要深入了解文章的內涵，則必須進階到第三個理解歷程——推論理解。

3. 推論理解（inferential comprehension）

推論理解是指讀者對閱讀的文章或材料有更深入的了解，此歷程包括三個階段。

統整　摘要　精緻化

「**統整**」階段，在此階段熟練的讀者會運用先前的知識進行文章概念統整，將文章中各種概念的表徵相互連貫，找出隱含的關係，對文章的意義進行更深一層的理解。

「**摘要**」階段，在此階段讀者會提出文章中的重點，在摘要的過程中，通常會使用推論方式，推論時要藉助字和意義兩個線索，

若無文字線索，讀者便會注意內在所產生的一些意義線索。

「**精緻化**」階段，將新訊息和舊知識連結起來所產生的新認知，此階段讀者受先備經驗影響，對訊息進行舉例、引申或類推，使文章的意義可以前後一致。

4. 理解監控（comprehension monitoring）

理解監控是指讀者能否覺察自己閱讀的事物為何（林清山譯，1997），以及如何閱讀。

這個歷程共有四個階段，分別為：**安排目標、選擇策略、檢核目標**及**補救策略**。

安排目標	選擇策略	檢核目標	補救策略

安排目標是指讀者在閱讀前設立一個目標，

然後**選擇策略**以解決閱讀前所設定的目標。

檢核目標與補教策略是指讀者在閱讀中檢查是否能正確面對目標；否則，就會形成閱讀困難，造成閱讀中斷，

此時就會引發進入**補救歷程**的機制，找出合適的閱讀理解策略，以解決閱讀時所產生的困難。

從閱讀的歷程可以得知，**自我監控**在促進閱讀理解過程中是一項很重要的能力。

因此，為提升學生的閱讀理解能力，九年一貫國語文領域在教學原則中明確指出：**閱讀能力應以學生為主體，根據文章的性質類別，指導學生運用不同的閱讀理解策略，以培養其獨立閱讀能力**（教育部，2008；教育部，2011a）。

如果教師在閱讀教學的課堂中，能以有效的提問來幫助學生在閱讀文本的過程中，注意訊息、連結訊息、推論訊息、整合訊息，同時將文本訊息與自己的生活經驗相對照，相信將有助於閱讀理解能力的提升。

提問的重要性

在理解看似簡單的閱讀歷程之後，我們來關心一下，如何讓學生更積極的思考與理解。

教師常利用提問問題來激發孩子的學習興趣與動機，更藉由**問問題**引導學生對文本訊息的掌握（臺北市政府教育局，2010）。
所謂提問教學，顧名思義就是透過教師有技巧的提問，學生利用同儕之間的討論與個人的思考，協助其掌握文章的內容，並深入理解文本的重要意旨。
（若對提問教學有興趣，請參考拙作《高效閱讀》，2015）

由此可見，教師如何利用有效的提問為學生理解文本內容搭建
學習鷹架，將成為閱讀理解教學成敗的重要關鍵。

此外，提問具有協助學生掌握重要訊息、幫助學生確認自己是
否已經了解文本意義、透過訓練培養提出好問題的技巧、培養
其統整建構文章概念的能力、訓練學生組織高層次思考的問題
等重要功能（教育部，2011b，頁 37）。

教師在教學時較常問的問題，大多是在喚起學生的舊經驗，以
及在文本中可以直接提取的訊息。

教師若未能及時澄清學生疑惑之處，甚至只針對文章順序提問表層
訊息，學生往往在上完課後，對於文本的重點是什麼還是處於一知
半解的狀態，更別說是提升閱讀理解的能力（李岳霞，2013）。

問問題或許很簡單，但是僅僅讓學生注意到文本基本訊息的問
題是不夠的，要能真正理解文章，不能只是注意到表面訊息，
還需要不斷的連結文本訊息、結合本身的舊經驗、推論整合成
一個完整的意義。

因此，教師如何在學生既有的直接理解歷程基礎上，再融入解
釋理解歷程的問題，相信將有助於學生閱讀理解能力的增進（陳
欣希等，2011）。

閱讀理解是一種看不見、摸不著的能力，教師在閱讀教學過程中，要如何知道學生是否已經理解文本內容了呢？

沒錯，透過「問問題」！而且是「問好問題」，甚至是「問不同層次的問題」，便可略知一二（許育健、林冬菊、周宏智，2013）。

換言之，教師透過提問有層次性的好問題，引導學生針對文本內容進行討論，藉以激發學生的學習興趣，進而掌握文本內容的重點，並延伸運用所學，以提升其閱讀理解的能力。

何謂「有層次性的好問題」？

近年來大家所耳熟能詳的「PIRLS 閱讀理解四層次」，乃由國際教育成就評估協會（IEA）主辦的「促進國際閱讀素養研究」，其測試的閱讀理解歷程包含：

直接理解歷程和**解釋理解歷程**；

直接理解歷程包括**直接提取**和**直接推論**，

解釋理解歷程則包含**詮釋整合**與**比較評估**（柯華葳等人，2008）。

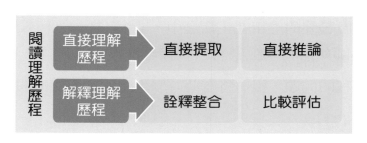

就是針對文本內容進行多元視角的提問，提問重要訊息（提取訊息）；推論句段之間的意義與關係（推論訊息）；詮釋整合讀者與文本間的知識經驗（詮釋整合）；比較評估讀者、文本與作者三者之間的訊息互動（比較評估）等，即是以「善問者」角色，協助學生理解文本的閱讀理解途徑（許育健，2011）。

在知曉識字解碼、閱讀，以及提問等心理歷程之後，相信你一定可以了解語文評量內容應「均衡」配置其比例，否則易失之偏頗，也就失去評量的意義了。

以下將針對語料、語意及語用三大面向，討論評量內容的比例原則。

語料、語意、語用

細究**語文工具性**內容，可以分為三大類，分別是：**語料、語意、語用**。

1. **語料**指構成語文的材料，語文學習的重點，即是其「**累積**」；
2. **語意**指語文的意義，句子為語文理解與溝通的基本單位，因此「**理解**」即成其學習重點；
3. **語用**則指語文的應用，尤其是對文章段篇題材與主旨的「**應用**」，包含聽、說、讀、寫的實踐。

語料：字詞短語的積累

「語料」就是語文的基本材料，如建築所需的磚塊、水泥和鋼筋，也就是字（含字形、字音、字義）、詞與短語。

巧婦難為無米之炊，所以在低年級基礎識寫階段，這些**基本語文材料的大量積累**為學習重心。

然而，**語文在日常情境之中，方有存在意義**，也比較容易理解；因此，教學時不能只出現字詞，要能組織設計相關的「**演進語料**」或以「**隨句識字**」、「**隨文識詞**」等方式進行；

評量時也應避免聚焦「單一語料」的評量。

（例如，「燥」是什麼意思？ 學生不太能懂是乾燥，還是肉燥。）

最好透過「句子」的呈現，提供語文情境，慢慢積累，以厚實語文材料的基礎。

語意：句子的理解與表達

人與人的溝通，主要是以句子為主，亦即，**語意的展現或人際的溝通，基本單位是「句子」**。

唯有句子，方能充分的表露其代表的完整意義，也是人際之間意思表達與溝通的基本內容。

句子的評量重點可分為「**內容**」（即句意）及「**形式**」（**即句法與修辭**），

也就是評量學生能否理解句意及句子的組織結構，並透過照樣造句、句子的變化書寫（改寫、擴寫、縮寫、接寫）等不同題型供學生表現運用句子的能力。

在中小學定期評量設計時，**宜避免聚焦專門語法的內容**（如句法結構或詞性規則等）。

此外，**句子的修辭辨識，也應小心慎用**。可著重在不同句意的理解與不同句式的表達。

語用：段篇的主題、主旨與寫法

段落篇章的理解與表達，是語文學習的綜合展現，也是國民教育階段對語文能力的重點要求。

一篇文章的組成，不外是**句、段、圖、文**的各式組織與呈現，學生應對於篇章的**主題思想**（文章主旨、作者的主張）、**組織結構**及各式**寫作手法**，

乃至於**文學性的感受與體會**，都必須在此階段全面掌握。

然而，筆者多年來檢視許多中小學之定期評量，此部分概屬所

謂的「文意測驗」（或者以「選擇題」一項概括），

諸如：「第三課〈神筆馬良〉是什麼文體？」或者「麥當勞創辦人，原本的職業是什麼？」

較偏屬文章內容的片段記憶，而非段篇理解。

我們必須知道的是，定期評量的主要內容雖然以課文教材為主，但不宜以提取訊息（記憶性）為主；

除非是全文重要關鍵句段，否則，「記憶」課文並非語文評量的主要重點。

建議可以閱讀理解不同層次的提問來取代課文知識的記憶。

例如，「在〈空城計〉這篇課文中，司馬懿的個性為何？你如何得知？」

即屬 PIRLS 第三層次詮釋整合的提問，較能評估學生理解的程度。

語文評量三大類：字詞短語、句式語法與段篇讀寫

接續上述三大類的內容，國語文定期評量的內容類別，配合筆者對臺灣、中國、香港與新加坡四地語文教材的綜合分析，國語文評量可設計的具體內容細項分為三大部分：**字詞短語、句式語法與段篇讀寫**（許育健，2011）。

在字詞短語方面，包含了正確字音、近音字、多音字、變音字、確認字形、筆畫筆順、分辨部首、部件組合、造字原則（六書）、書法字體、書法故事、字詞釋義、近義字詞、反義字詞、類詞應用等。

在句式語法方面，有句意理解、文句組成、句型辨識、句式變化、標點符號、句群關係、四字語詞、詞語結構、常用修辭等類別。

最後，與段篇讀寫相關的，則有：提取訊息、推論訊息、整合詮釋、比較評估、閱讀技巧、預測推論、摘要整合、推估主旨、辨識文體、詳略閱讀、文體應用、語文工具、句子變化、看圖寫作、限制習寫、主題習寫、感想心得、寫作技巧。

表 3　各年級語文評量架構細項

字詞短語

評量向度	評量項目	細項舉例
字音	正確字音	指認／習寫
	近音字	語境辨析
	多音字	語境辨析
	變音字	語境辨析
字形	確認字形	指認／習寫
	筆畫筆順	筆畫名稱／習寫／筆順原則
	分辨部首	部首意義／常用部首／罕用部首
	部件組合	常見部件／部件結構原則
	造字原則	〔六書〕象形指事／會意形聲／轉注假借
	書法字體	楷行／草／隸篆
	書法故事	書法家故事／書體演變
字詞義	字詞釋義	字詞義解釋
	近義字詞	辨識／比較應用
	反義字詞	區別／比較應用
	類詞應用	量詞／疊詞／狀聲詞／形容詞

句式語法

評量向度	評量項目	細項舉例
句式	句意理解	解釋句意／指認句意
	文句組成	完成句子／語詞造句／標點造句
	＊句型辨識	句型練習／照樣造句／單句複句 關聯句型（遞進／轉折／關聯／選擇／因果／假設／條件）
	句式變化	換句話説／倒裝句／被動句／省略句／合併句子
	標點符號	常用符號理解與應用
	句群關係	對話練習／句群關係判斷

語法	四字語詞	解釋句意／指認句意
	詞語結構	聯合結構／偏正結構／動賓結構／主謂結構 特殊結構
	常用修辭	擬人／譬喻／設問 類疊／誇飾／摹寫／排比 借代／對偶／引用／雙關／映襯／層遞

* 句型：依不同**語氣與語調**而形成的**句子類型**。如陳述句、疑問句、祈使句、感嘆句四類。
* 句式：句子的變化方式。如同樣的意思，用不同的的方式來表達。

段篇讀寫

評量向度	評量項目	細項舉例
閱讀理解	提取訊息	特定詞句／詞句定義／事件細節／主題觀點
	推論訊息	事件因果／段意簡述／指稱代詞／角色關係
	整合詮釋	全文主題／人物特質／跨段比較／氣氛推測
	比較評估	虛實辨識／情節評估／文章評析／作者意圖
閱讀策略	閱讀技巧	標注畫記／筆記／圖示
	預測推論	標題／圖表／圖片
	摘要整合	中心句／意義段／文章結構／段落大意
	推估主旨	作者意圖／寫作目的／隱含道理
	辨識文類	記敘／說明／議論／抒情／應用
	詳略閱讀	略讀／精讀／選讀
語文應用	文體應用	便條／日記／書信／劇本
	語文工具	字詞典／成語典
寫作練習	句子變化	擴寫／縮寫／續寫／改寫
	看圖寫作	連續圖／多圖／單圖
	限制習寫	限內容／限形式
	主題習寫	人／事／物／景
	感想心得	讀書心得／旅遊心得
	寫作技巧	具體描述／開頭結尾／數字運用／心理描寫 聯想想像／問題解決

由上可知，國語文定期評量可設計的內容類目相當多；

若以目前許多學校的國語文定期評量設計內容而言，其範圍與類目似乎較為狹窄或單一，不外是：國字注音、改錯字、筆畫造詞、相似詞／相反詞、綜合測驗（含詞義／文意／修辭等）、照樣造句、造句、閱讀測驗、問答題等。

而且，其比例**在語料（字詞短語）部分，幾乎占了七成以上**，此現象值得關切與思考。

尤其在高年級或國中階段，應多偏重於語意理解與語用實踐較合適。

以上分別列述了國語文定期評量的內容向度與項目，可見國語文評量內容多元繁複，值得更多研究者深入探究與學校教師的行動實踐。

語文評量五三二

依上所述，筆者提出「語文評量五三二」的原則。

也就是依據前述從「語料」、「語意」到「語用」的原則，

各年段應依不同學習階段教學重點（教學節次中聽說、識字、閱讀、寫作之時數比例），

設定或調整整份國語定期評量內容比例的安排。

基本原則是：

年級愈低，愈重字詞短語；年級愈高，愈偏重段篇理解。

表 4　語文評量五三二分配表

語文評量五三二	低年級	中年級	高年級
字詞短語	50%	30%	20%
句式語法	30%	50%	30%
段篇讀寫	20%	20%	50%

＊比例應依實際教學規畫及學生程度調整，約有正負 5% 的幅度

素養導向語文定期評量設計五大原則

回顧前述定期評量的目的：任何的評量，基本的目的是為了檢視學生的學習結果。

然而，在本文中，更進一步思考**如何設計出為「促進學習」的評量**。

從另一個角度視之，評量本質上也是一種文本；

既然是文本，評量過程中，對此文本的閱讀理解顯然也必須受到重視。

再依許育健（2014）之觀點，國語文定期評量，應把握：**明確的評點、完整的語境**，以及**多元的題型**等三大原則；

依本文前述之探討，應可再加上兩個原則——**「問題的解決」**與**「創新的展現」**。

下述素養導向之語文評量的五大原則：

圖：素養導向語文評量五大原則

一、明確的評點

每一題目應有一具體的評量點，**讓學生知道評量的重點，教師批閱時，亦可得知學生學會了什麼、哪部分還有待加強。**

換言之，題目應有**具體的評量點（簡稱「評點」）**，以診斷學生學會什麼，還需要補救加強什麼。

教師宜參考課綱所提之教材編選原則與教學原則，分析文本及各課教學重點，進而掌握定期評量時的命題重點，並確實以「**一題一評點**」的原則進行設計。

例如，「本課的大意或主旨為何？」（大意不等同於主旨）就是兩個評量點、模糊不清的題目。

二、完整的語境

語境即語言的情境。

語文表現上，最基本的單位是**句子**。

評量設計時應提供完整的語境，以利學生表現個人的理解，尤其在國字注音、相近詞或相反詞、造詞等項目。

因此，評量過程中，透過閱讀題目與選項，學生不僅在此過程中，**得以檢視自己學習的結果，也同時學習新的知識，也增進了語文能力。**

例如：

「『搖曳』是什麼意思？」

「天上飄著朵朵白雲，沿岸的綠樹隨風『搖曳』。『搖曳』是形容樹的什麼樣子？」

這兩題就有語境上的差別。

三、多元的題型

固著的題型，也會造成固著的思考。

加上生活中，「語文應用」本身即是多元的面貌，**多元化題型可提供鷹架支持的題型，是促進學生語文多元展現的重要方式之一。**

簡言之，語文評量宜展現語文應用的**多元性**，首重活用與延伸，避免片段而零碎的記憶，題型應依語文理解或表達的目的不同，而變化因應。

例如，許多國語評量的造句題型，只呈現「⋯⋯卻⋯⋯」這樣的題目，讓學生自由的造句，

所以，學生就可能會造出「我卻笑了。」這樣令人哭笑不得的句子。

如果我們可以變化一下題型。

例如：

「大家都喜歡這條河流，（　　）不知道這是居民同心合力整治的成果。請問這括弧內應該填「且」、「卻」、「就」哪一個詞呢？為什麼，請說說你的理由？」

或者，增加一些語境，讓學生練習表達。

如：「昨天聽到氣象報告是高溫晴朗，……卻……，真是……。」請學生完成語句。

如此修正即可檢測出學生真實的理解與應用能力。

四、問題的解決

語文的習得，從工具性的目標而言，就是為了解決日常生活中，面對以語言文字形成的問題情境，完成所需達成的任務。

比如，提供學生某些旅遊景點及交通方式的基本文字圖片資訊，讓學生依此寫出一篇小小的旅行規畫報告。

這就是**問題解決**展現方式之一。

五、創新的展現

十二年國教的語文素養除了是用語文來解決問題之外，也期待以語文來創新生活。

由於語文本身就是思維的工具，能將腦海中運思的想像畫面或程序邏輯，以文字適切的表述。

目前國語文定期評量的內容**大多偏屬「正確性」答案的展現**，如果能釋放一些分數比例，讓學生得以展現其創新思考，也是未來很重要的發展方向。

例如：

請你參考〈山中傳奇──達娜伊谷〉這篇課文的「歷史脈絡」及「細節描寫」，寫出一段二百字以內的簡介，說明你的學校、故鄉或社區的特色。

基上所述，只要能掌握重要評點，透過完整語境呈現評量的題幹與選項（或說明），再以多元、貼近生活情境的方式，適時加入問題解決或創新展現的題型，將可充分展現十二年國教語文核心素養的評量內容。

語文評量設計程序

國語文評量的內容，原則上，乃是同學年授課教師們經由共備討論及教學歷程的定時溝通，對於這段期間學生學習重點，經由命題教師（群）轉化，形成評量題型與內容的共識。

因此必須經過一些基本流程，透過多次的討論，方能底定。

一般而言，大致上可分為：

1. 共識會議（確定各課評量重點）；2. 教師命題；3. 審題會議；4. 教師修題；5. 定稿會議；6. 試後分析；7. 補救教學等七個程序。

如下圖

值得一提的是，透過**命題籌備會議**（也可以是教師社群課前共備的議題之一），以確認各班學生學習狀況，並提供命題者命題方向建議，避免因教學者不同，在教學重點上有所偏廢而影響學生評量作答。

同時，透過共同確認評量重點，對於重要卻疏忽未教的內容，應在評量前進行補充教學，以確認所有受試學生，都學習過相同的教學重點內容，才符合為學習而設計的評量。

Chapter 4

語料篇：
字詞短語

自本章開始，即針對三大類的語文內容，進行評量設計的說明與舉例。

「**可以從習作出題嗎？**」曾經有老師這麼問我。

習作的內容也包含了語料（字詞短語）、語意（句式語法）、語用（段篇讀寫）三大類的各種練習；

所以，**我們的定期評量「只要」把習作內容稍加修改（或者原題呈現），再評量學生一次。如果學生習作都寫得很好，那不就完成評量了嗎？為何還要重新出題？**

這個想法，看似合理，實則有一些**迷思**存在。

話說，語文學習應分為三個階段：「**認知理解**」、「**練習鞏固**」及「**延伸拓展**」，而**語文定期評量應屬於「鞏固與延伸」的階段。**

因此，當平時的作業簿習寫或習作的練習已經足夠時，

定期評量就**應略過原本習作相同的內容，至少宜改寫題目的內容，使之更具「生活應用性」。**

換言之，應**重新設計與學生生活相關的情境**，並考量他最可能遇到的問題，讓習作原本的內容「**改頭換面**」，方能達成將所學到的語文知能「鞏固與延伸」的目的。

教師若在批閱習作的過程中，發現某些題目學生較不能掌握或錯誤率高，在教學過程中即應補救指導。

此後，若為了確認學生是否確實習得，即可待定期評量設計時，略加變化，再考一次，讓定期評量亦具有「**診斷困難，再次學習，確認成效**」之意義。

字音與字形

字音、字形常見的題型包含：國字注音、改錯字、寫部首、寫筆畫等。

定期評量關於字音或字形的評量內容，主要是來自**各課課文下方的生字**。

（但這些生字，對學生而言，不一定真的是陌生的字，有些在生活中常見呢）

由於搭配課本的「習作」已經對重要的字音或字形進行過練習，有些習作題型也設計了在生活情境中練習生字詞；

所以，定期評量設計時應著重在「**拓展應用**」，不宜再摘取課文或習作中的句子，讓學生以記憶來回應題目。

此外，若以素養導向評量設計思考之，由於真實生活中，會認字或寫字比會標注音更為重要，所以評量內容應「**寫**」（**字形**）**多、**「**標**」（**字音**）**少。**

此外，低頻字不宜習寫，反而著重於「多認」；
定期評量時，某些「認讀字」可用於區辨部件、字音，但**避免以低頻字作為字形習寫的評量。**

這也是現代語文對於識寫能力轉向為「**認多寫少**」的重要取向。

國字標音

首要原則：設計符合生活情境的「句子」為題幹

以往常見的出題方式為以連續性的詞語為命題形式。如下：

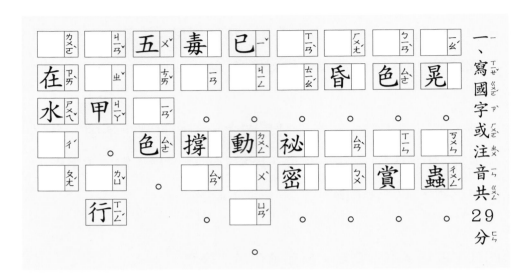

以此題為例，第三個詞若依「課文記憶」，也許學生會填寫「變色」。

但，為何我不能填寫「辨色」、「便色」呢？

也許我的心裡想的是：「他是個色盲，在**辨色**上有困難。」

又也許，我想的是：「他心不甘，情不願，面有**便色**，還是把事情完成了。」

因此，為了避免這類缺乏生活情境的語文評量，筆者建議以下列方式設計較佳。

例如：

天空漸漸暗了下來，我抬頭望，不一會兒，風雲「ㄅㄧㄢˋ」色，即刻下起了大雨。

✍【題目修一修】

1. 發「揮」愛心 （填寫注音）

修正後

為了救助災民，學校發起樂捐活動，同學們都發「揮」愛心把
一天的零用錢捐出來。（填寫注音）

＊修正說明：增加語境（句子）

✍【題目修一修】

2.「ㄈㄟ」「ㄐㄧ」（填寫國字）

修正後

影響人類最偉大的發明之一，就是萊特兄弟製造的「ㄈㄟ」「ㄐㄧ」。

＊修正說明：增加語境（句子）

【好題共欣賞】

例卷一

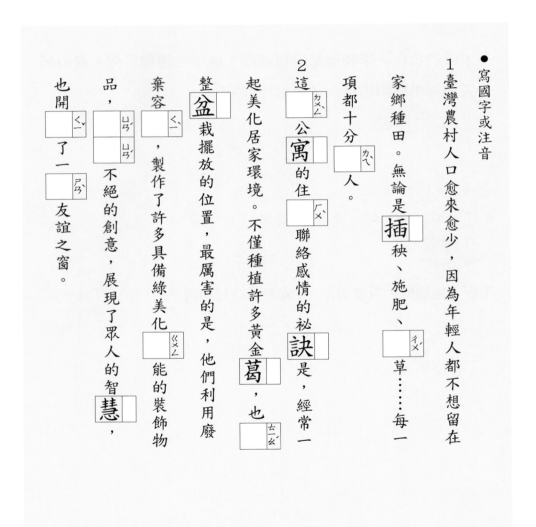

● 寫國字或注音

1 臺灣農村人口愈來愈少，因為年輕人都不想留在家鄉種田。無論是 插[　] 秧、施肥、[　]（ㄔㄨ）草……每一項都十分 [　]（ㄌㄟ）人。

2 這 [　]（ㄌㄨㄥ） 公寓 的住 [　]（ㄏㄨ） 聯絡感情的祕 訣[　] 是，經常一起美化居家環境。不僅種植許多黃金 葛[　] ，也 [　]（ㄊㄧㄠˊ） 整 盆[　] 栽擺放的位置，最屬害的是，他們利用廢棄容 [　]（ㄑㄧ） ，製作了許多具備綠美化 [　]（ㄍㄨㄥ） 能的裝飾物品，不絕的創意，展現了眾人的智 慧[　] ，也開 [　]（ㄑㄧ） 了一 [　]（ㄕㄢ） 友誼之窗。

亮點說明：以段落或句子為情境

【好題共欣賞】

例卷二

● 寫國字或注音

每次放□（ㄐㄧㄚˋ）車回奶奶家，我們都很開心。奶奶□（ㄨㄥˋ）會指著□（ㄑㄧㄤˊ／ㄅㄧˋ）上她□（ㄓㄢ／ㄊㄤ）的相片，告訴我們每張相片的故事，我覺得說故事對奶奶來說真是件□（ㄧˋ）如反掌的事，關於那些年代久□（ㄩㄢˇ）的事情，她也可以說得生動精采，讓我們這□（ㄐㄩㄣ）小孩子聽得目不□（ㄓㄨㄢˇ）睛，更厲害的是，一些平凡無奇的事，從奶奶口中說出來□（ㄙㄨㄟ）會變得不同凡□（ㄒㄧㄤˇ）；有時候，奶奶也會□（ㄅㄧㄠˇ）人胃口，製造緊張氣氛（氛／ㄈㄣ），□（ㄕㄡ）下故事的結□（ㄨㄟˊ）不說。爸爸說，□（ㄑㄧˊ）實奶奶是期□（ㄆㄢˋ）我們時常回去，也喜歡看到我們聽故事時的笑□（ㄖㄨㄥˊ）和此起□（ㄅㄧˋ／ㄌㄨㄛˋ）的笑聲，所以在精采□（ㄔㄨˋ）停下，這樣才可以很快再看到我們。

亮點說明：以文章段落為情境

字音或字形

中文的字音是有限的，以高樹藩主編的正中形音義大字典為例，總共也只有三百九十種音。

如果以字形來說，常用字至少有五千多字（大概能應付日常生活中大部分的報章雜誌及書籍閱讀了）；

如果以「字典王」——康熙字典，就有一萬多個字了。

因此，一般而言，過了中年級以後，認字或寫字會比標寫注音的能力還要重要。

換言之，到了中、高年級，在字音字形的考題中，**考「字形」的題目應該會比考「字音」的還要多。**

如果必須評量注音，則建議以多音字，例：「著」火、「著」作、「著」急、記「著」。

或者，常念錯的字為主，例：工作「坊」、「法」國、「俄」羅斯。

順帶一提，**標準字音以教育部最新頒定的《一字多音審定表》為主。**

但須注意的是，**低頻字或認讀字**，建議不宜評量其書寫能力，也許可以「選擇」或「圈起來」等辨識的方式來設計題目，也就是以**「給字再認」**（而非憑空書寫）為設計的原則。

【題目修一修】

1. 下列「　」的字讀音完全相同？

(1)「量」杯、能「量」

(2) 喜「好」、「好」友

(3)「樂」器、「樂」觀

(4)「少」年、年「少」※

修正後

下列「　」的字讀音完全相同？

(1) 一只「量」杯／能「量」驚人

(2) 我的喜「好」／許多「好」友

(3) 古典「樂」器／「樂」觀進取

(4) 青春「少」年／年「少」無知 ※

* 修正說明：增加語境，由詞延伸至短語

◆【題目修一修】

2. 下列哪一個字的結構與「平」字相同？

(1) 川

(2) 年

(3) 大

(4) 工

💡 **哪裡有問題？**

👤 這些字都是單一部件所形成的字，沒有結構可言呀。

修正後

下列哪一個字的結構與「許」字最相似？

(1) 育

(2) 健

(3) 帥 ※

(4) 哥

* 修正說明：找不同形式的部件組合字（合體字）

✎【題目修一修】

3.請寫出下列的國字？

(1)「ㄌㄧㄣˋ」相如

(2)木「ㄒㄧ」花

(3)歐陽「ㄒㄧㄡ」

(4)豐子「ㄎㄞˇ」

💡 **哪裡有問題？**

👨 **這些字都是罕用字，比較沒有書寫的價值。**

修正後

請寫出下列的國字？

(1)「ㄌㄥˋ」眼相待

(2)「ㄒㄧ」笑怒罵

(3)「ㄒㄧㄡ」成正果

(4)「ㄎㄞˇ」然同意

* 修正說明：選擇生活中較常使用的字詞為評點。「標的生字」最好是課文中有，且能多方應用的。不要選冷門、有爭議性的，或者特定專用者。

【好題共欣賞】

1.「強詞奪理」、「強顏歡笑」、「牽強附會」、「倔強」、「強暴」、「強求」、「逞強」，以上詞語唸「ㄑㄧㄤˊ」的有幾個？並請在題目上圈出來。

(A) 2 個 ※

(B) 3 個

(C) 4 個

(D) 5 個

亮點說明：使用同一字所形成的詞語比較與辨別

2.「此處鳥語花香、草木『蓊鬱』，充滿春天的氣息。」請選出正確的讀音：

(A) ㄨㄥˊ　ㄩˋ

(B) ㄨㄥˇ　ㄩˇ

(C) ㄨㄥˇ　ㄩˋ ※

(D) ㄥˇ　ㄩˋ

亮點說明：以句子當語境

3.「姊姊要出門前，媽媽總是會對他『叮嚀』一番。」正確讀音為何者？

(A) ㄅㄧㄥ ㄕㄨˇ

(B) ㄅㄧㄥˇ　ㄕㄨˋ

(C) ㄅㄧㄥ ㄓㄨˇ ※

(D) ㄅㄧㄥˋ ㄓㄨˇ

🧑 亮點說明：以句子當語境

4.下列「　」裡的字去掉部首後，哪一個留下的部件仍然和原字的讀音相同？

(A) 人聲鼎「沸」

(B) 高談闊「論」

(C) 崇山峻「嶺」 ※

(D) 點點繁「星」

🧑 亮點說明：以形聲原則判斷部首位置

5.下列選項中，何者前後讀音<u>不同</u>？

(A) 「斐」然成句 / 不「悱」不發

(B) 奇聞「軼」事 / 「佚」名捐款

(C) 羽扇「綸」巾 / 飽讀「論」語 ※

(D) 水果「蝙」蝠 / 「編」輯成冊

🧑 亮點說明：以短語當語境

改錯別字

「改錯字」幾乎是各年級國語定期評量的「標準配備」。
然而，這真的是「改錯字」嗎？

改錯字：每格一分，共十分

（　）1　現在正是旅遊的談季。

（　）2　年終晚會上，大家都顯得非常歡耀。

（　）3　今天大家都玩得十分偷快，我也意猶未盡。

（　）4　河床底下的石頭長著一層厚厚的苔鮮。

（　）5　蝴蝶在花樷中飛舞，散發著春天的氣息。

（　）6　王先生對社會公益總是熱心參與，不貴餘力。

（　）7　這部電影是由一部暢銷小說放編而拍成的。

（　）8　每逢清明節，大家都會返鄉漆掃祖墳。

（　）9　選委會鼓勵民眾檢櫸賄選。

（　）10　吃勝的食物要放到冰箱裡才不會壞掉。

其實，現在大部分的命題，都是用電腦繕打國語評量試卷，除非教師用心的造字，否則難有「錯」字（ 👤 **錯字是字典裡找不到的字，如多一筆、少一畫或部件錯置之類的。**）

所以這一個題型，本質上都是「別」字的修正。

（所以正名應該是「改別字」？開玩笑的，大家習慣就好，也不必刻意更改了。）

別字，可分為是「**形近別字**」（冷或泠；田或由），或是「**音近別字**」（找或早；最或罪）。

若以這些別字作為評點，請盡量用學生曾看過、聽過的字（即所謂的「經驗字」，由生活經驗中自然習得的字，比如自己和家人的姓名，或路上、電視上可容易見到的）。

或者，以曾學過、剛學過的生字，可降低因「罕見字」出現的暗示性（例如，選「舉」是民主社會重要的制度之一，或者清明節全家人總是一起掃墓「祭」祖）。

此外，由於評量卷的內容有限，所有的評點都應「精心挑選」。因此，**命題前，宜與同學年老師確認哪些字是學生字形錯誤率較高的**，再以生活情境的語句出題，以診斷學生的「習得」，可否正確且穩妥的應用在生活之中。

寫部首並造詞

每次看到這個題目，我常在想，到底「寫部首」與「造詞」，
這兩者是否有關係？

你認為呢？（十秒，請想一想）

三、寫出部首並造詞：每題二分，共十分

1 舉：（　　）部 ―（　　　）

2 奮：（　　）部 ―（　　　）

3 茫：（　　）部 ―（　　　）

4 蝕：（　　）部 ―（　　　）

5 延：（　　）部 ―（　　　）

我的看法是，

我認為這兩者其實沒有太大的關係，指出部首是「**字形的辨
識**」，造詞是要檢視學生「**以字成詞**」的能力，這是兩件事。

可是我們卻常見到這個題型。所以這個「複合式」的題型，建
議應該分開來討論。

本節先僅針對「部首」討論，造詞後有詳述。

「部首」最初是為了將文字「歸類」而訂定的，主要是為了以後能方便快速「檢索」。

因此「某人」就將某部件「指定」為其部首。（某人，比較知名的，就是許慎了）

從許慎的《說文解字》說明可知，很多部首具有「字義相關」的功能（比如水部、木部、火部等），可以據以「推論」字義。

然而，漢字歷經許多轉注、假借的變化，**許多字的部首，已經不能為今日的字義推論服務了**，比如「法」水部、「概」木部、「煩」火部。

更重要的是，檢視目前中小學**大部分在定期評量出現的部首試題，都是以「冷僻」的部首為主**（比如「乃」、「之」的部首是什麼？），

通常不具有上述具「字義推論」的功能，也就失去學習部首評量的重要意義了。

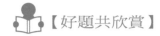【好題共欣賞】

1.「她前陣子才為了買房而昏頭轉向，最近增添了新的煩惱——裝橫。工作忙祿的她，一方面希望能擁有別出新裁又舒適的居家空間，另一方面想降低布置新家的費用，所以幾次與室內設計師商討不下。至今搬家事宜仍一愁莫展。」請問上述短文中有幾個錯別字？

(A) 4 個

(B) 5 個 ※

(C) 6 個

(D) 7 個

亮點說明：提供語境，指出錯別字

2.「這次的冠軍隊伍默□十足，訓練有素、□勢磅礴的他們攻無不克，實力不是其他參賽隊伍可以□及的。」下列文句□內應填入的字依序是：

(A) 契 / 氣 / 企 ※

(B) 汽 / 企 / 器

(C) 氣 / 契 / 迄

(D) 器 / 企 / 契

亮點說明：提供語境，指出正確的字詞

3. 下列文句中，何者用字完全正確？

(A) 若政府政策搖擺，朝令夕改，讓人民無所是從，必然怨聲載道

(B) 寄居他鄉的老李，整日寂寞面對著窗外的景物，口裡默不作聲 ※

(C) 班長激勵全班同學一齊集思各種可能的辦法來對付利害的對手

(D) 柯南凡事喜歡追根究抵，鍥而不捨，不找到原因，絕不肯罷休

亮點說明：提供語境，指出錯別字

4. 下列文句，何者<u>沒有</u>錯別字？

(A) 這些藝人藉著義賣拋磚引玉，希望能有更多人共襄盛舉 ※

(B) 看到選手們個個朝氣棚勃，讓人對他們的表現充滿期待

(C) 縱然弟弟想要改掉自己的遲到習慣，但卻總是故態復盟

(D) 突如其來的爆炸，把大家嚇得呆若木雞，久久無法自己

亮點說明：提供語境，指出錯別字

5. 下列選項中，造字方法<u>不同</u>的是何者？

(A) 雨、象

(B) 旦、月 ※

(C) 取、苗

(D) 雞、鴨

亮點說明：造字原理綜合判斷

6. 中國文字在造字時，本義只有一個，而應用的過程中，字義往往不斷擴張或演變，可能產生引伸義或假借義。以「花」字為例，下列敘述中<u>不正確</u>的是何者？

(A) 「花」徑不曾緣客掃，用的是本義

(B) 妙筆生「花」，用的是引伸義

(C) 「花花」公子，用的是本義 ※

(D) 「花」木蘭中，用的是假借義

亮點說明：一字多義的判斷

7. 關於文字的六書原則，下列何者<u>錯誤</u>？

(A) 以實、虛區分：象形為實，指事為虛

(B) 以形、聲區分：會意重形，形聲重聲

(C) 以繁、省區分：轉注漸繁，假借漸省

(D) 以體、用區分：象形指事為體，會意形聲為用 ※

亮點說明：造字原理綜合判斷

8. 中國文字字形的演變順序，下列何者正確？

(A) 金文→甲骨文→籀文→篆文

(B) 甲骨文→金文→籀文→篆文 ※

(C) 金文→甲骨文→篆文→籀文

(D) 甲骨文→金文→篆文→籀文

亮點說明：字形演變的知識

詞語

「詞語」可分為「詞」（word）和「短語」（phrase）兩部分。

造詞填詞

造詞，是指單一的「字」（morpheme），（通常是課文中的生字）如何和另一個字（應該是學過的字）組合，形成相近意思或不同意思的詞語。

就語法學的角度，**「詞」才是最小的意義單位**（至於山、風、水、土可稱為「單字詞」），所以練習由字組成「詞語」，乃具有語文學習的意義，也顯示出中文構詞的靈活性。

在定期評量的情境中，學生面對「造詞」這個題型時，往往為了「避免錯誤」，乃至於評量不一定能測出學生真正的學習。

例如：「舉」，請造詞。

雖然課文中的詞是「選舉」或者「創舉」，但許多學生（為求保險，或偷懶）很可能會寫「舉手」（我應該會造這個詞）或「舉人」（學生也許聽過，但不一定懂什麼意思）。

因此，為呼應**素養導向的評量設計，建議以生活情境的「句子」呈現題目，**

讓學生填課本學到的詞，也可以提供另外造詞的機會。

例如：「今年就要舉（　）總統（　）舉了，各政黨都做足了準備。你還想到什麼與『舉』有關的詞呢？試寫一個，並造句。」

順此，您應該看過〈先寫部首、總筆畫、再造詞〉這種題型吧？

好吧，我還是不理解，這三部分合在一起考的用意為何？

如果真有其功能，應該只是節省版面空間吧！

（謎之音：在橫式直書又分上下兩欄 B4 大小的試卷，這樣一題的空間位置剛好呀）

如果某個字的部首、筆畫數及其造詞真的如此重要的話（這應

該可稱為菁英字，字之菁英呀，我開玩笑的）；

那就建議讓學生再接續「以造出來的詞，造一個句子」，

可讓老師知曉學生是否明瞭此詞的應用。（也不會順手亂造一通）

例如：

發──「發現」──（再造句）<u>我在牆角發現一朵美麗的小白花。</u>

詞義比較

詞，既然是最小的「意義」單位（猶如積木玩具裡最小、最基

本的元件），就會有「遠近親疏」的詞義分別。

最常見的是「同義詞」（其實用「近義詞」比較好，因為詞義

不應該完全相同。如果完全相同，代表其中一個應該要消失，

因為它失去了語言基本的區辨功能）或「反義詞」（具有相對

詞義的兩個詞）。

我們經常看到這類題型，如下：

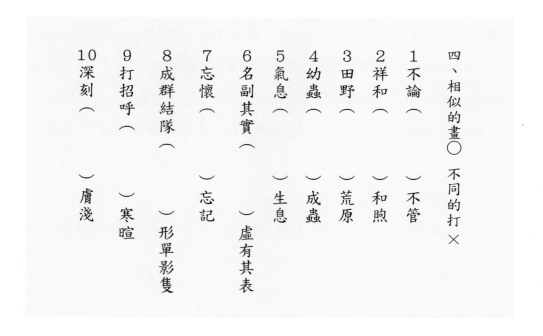

四、相似的畫○　不同的打×

1　不論（　　）不管

2　祥和（　　）和煦

3　田野（　　）荒原

4　幼蟲（　　）成蟲

5　氣息（　　）生息

6　名副其實（　　）虛有其表

7　忘懷（　　）忘記

8　成群結隊（　　）形單影隻

9　打招呼（　　）寒暄

10　深刻（　　）膚淺

以上題為例，

「田野和荒原」是相似詞，或相反詞？

「幼蟲和成蟲」是相似詞，或相反詞？

當詞語沒有語境，就好像放在博物館的魚標本一般，怎知魚兒在水中悠游的姿態。

「語言」存在「情境」中，所以，不能只出現詞語，而要給完整的句子。所以要讓學生判斷語義的相似或相反，應以兩個句子呈現比較合宜。

【題目修一修】

1. 意思相似的畫〇，相反的畫 ×：如果（　　　）一定

修正後

（　　）┌ 「如果」你一定要說話，別大太聲了。
　　　　└ 我「一定」會把遺失的傘找回來。

＊修正說明：增加語境（句子）

【題目修一修】

2. 意思相似的畫〇，相反的畫 ×：送信（　　　）回信

修正後

（　　）┌ 郵差每天為我們「送信」。
　　　　└ 我立刻給美國的姑姑「回信」。

＊修正說明：增加語境（句子）

詞義理解

詞義測驗最常以「選擇題」的方式呈現。

印象中，曾有個題目是：

「安泰」是什麼意思？其預設正解是：「平安康泰」。

然而，我可以說是某家銀行的名字嗎？

又或者，「『每天』的意思是？」

其選項有：一天、整天、昨天、天天。

此題看似合理，但詞義本來就會有些差異，尤其在某些語境下，

就可以顯示出其微妙的差別。

比如，依此例，張雨生的名曲「天天想你」，是否就可以順理

成章把歌名改為「每天想你」？

這麼一改，意味就有了變化，不是嗎？

尤其，某些中小學的詞義測驗，就是「解釋／注釋」測驗，

例如：

「翻山越嶺」的意思是什麼？

(1) 長途跋涉、旅程辛苦

(2) 山勢雄偉、無法翻越

(3) 體力過人、一次完成

(4) 翻過高山、越過崇嶺

雖然所設定的答題是 (1)，但如果我心裡想的情境是：一個人正在爬高山，一座又一座的完成了。

這題的答案似乎就有討論的空間了。

許多老師為了教學便利，經常以語法的專有名詞進行教學；
因此，**某些定期評量會出現關於「詞性」的題目。**

在小學的語文評量內容中，**原則上不宜出現關於「詞性」的考題，**
因為國語文是學生的「第一語言」，基本上不容易出現語法錯亂的情形。
詞性的理解，尤其是詞性的「名稱」，應以「實用」為原則。

例如：下列哪一個是動詞？ (1) **稻草** (2) **稻香** (3) **割稻** (4) **滔滔**

如果真要評量學生是否理解，**建議增一些語境會更好。**

**【好題共欣賞】**

1. 下面句子中，「　　　」裡的語詞，哪個是表示一種動作？

(1) 風吹著金黃色的「稻草」，像是黃昏的海面

(2) 村野間飄散著濃濃的「稻香」

(3) 秋天時，總見農人辛勤的「割稻」※

(4) 他一開口，就「滔滔」不絕了

亮點說明：不直接要求找動詞；以句子當語境

2. 下列句子裡「　　　」中詞語的意思，哪個與其他三句<u>不同</u>？

(1) 只不過「一下子」，妹妹就跑得不見人影

(2) 天色變暗，不「一會兒」就下起雷雨來

(3)「轉眼」之間，我已經升上五年級了 ※

(4)「剎那」間，火舌便已竄入了造紙工廠

亮點說明：這四個詞的意思都很接近，但加了語境之後，
　　　　　就有了區別

3. 下列句中的量詞，何者搭配錯誤？

(A) 奶奶帶一「匹」布來讓阿姨裁製漂亮的衣服

(B) 這「枝」茶樹的品種優良，是難得的原生種 ※

(C) 弟弟上課很認真，老師送給他兩「顆」糖果

(D) 媽媽帶著我們來戶外劇場欣賞這「齣」話劇

亮點說明：提供情境填寫量詞

4. 只見他舉起樂器，鏗鏘一聲，引起眾人注意。「鏗鏘」是形容聲音清脆，下列哪個詞語是形容聲音好聽？

(A) 靜候佳音

(B) 知音難尋

(C) 杳無音信

(D) 餘音繞樑 ※

亮點說明：詞語類比判斷

5. 爸爸○○○○的向老闆理論：「為什麼同樣的文具，你賣給我兒子比較貴？」

請問○○○○中應該填入哪一個詞以顯示出爸爸的態度<u>最強硬</u>？

(1) 心平氣和

(2) 心思細密

(3) 理直氣壯 ※

(4) 笑容滿面

亮點說明：提供情境，配合四字語詞

6. 下列四個詞語，何者的應用最為適合？

(A) 爸爸平時聲如洪鐘，沒想到演講時卻變得「妙語如珠」

(B) 這段山路「蜿蜒難行」，你可要小心一點，車速要放慢 ※

(C) 來到一樓演唱會門口，往裡面「鳥瞰」，只見人山人海

(D) 紫色花田「彌漫」在天地之間，將草地漆成一張紫地毯

亮點說明：提供情境，選擇合適的四字語詞

7. 下列成語皆以動物為喻，何項全屬於正面的讚美？

(A) 鶼鰈情深 / 臥虎藏龍 / 殺彘教子 ※

(B) 鶴立雞群 / 老驥伏櫪 / 狐假虎威

(C) 鞠躬盡瘁 / 緣木求魚 / 馬齒徒長

(D) 沐猴而冠 / 巴蛇吞象 / 乘龍快婿

亮點說明：成語比較

8. 下列「　」中的詞語，何者使用恰當？

(A) 王府和陳府於上月舉行婚宴，宴客佳餚「簞食瓢飲」，極
　　盡奢華

(B) 學任何技能都要意志堅定，不可「見異思遷」，否則將一
　　事無成 ※

(C) 為了彌補過失，老師希望同學們能「三人成虎」，尋求解
　　決辦法

(D) 此篇抄襲他人言論的文章屬於「不刊之論」，編輯決定不
　　予刊載

亮點說明：成語應用理解

9. 成語「水落石出」原指冬天水位低落，河床顯露石頭的景象，後衍生為真相大白之意。下列文句中的成語解釋使用其「衍生義」？

(A) 此刻情勢「千鈞一髮」，若想要救出人質，得步步為營，絲毫馬虎不得

(B) 選手們的實力「旗鼓相當」，誰也不敢輕敵，深怕錯失冠軍獎盃

(C) 雖這惡霸種種罪行「罄竹難書」，最後仍難逃法網恢恢，須接受法律制裁

(D) 使用投機取巧的手段可以短暫欺瞞他人，但勤勞才是成功的「不二法門」※

亮點說明：成語應用理解

10.方苞＜左忠毅公軼事＞「從數騎出」的「從」是致使動詞，其意為「使侍衛跟從」。下列選項中，何者「」中的字是致使動詞？

(A) 既「泣」之三日，乃誓療之

(B) 「親」親而仁民，仁民而愛物

(C) 曲罷曾教善才伏，妝成每被秋娘「妒」

(D) 春風又「綠」江南岸，明月何時照我還？ ※

亮點說明：提供說明舉例，再指認語詞性質

11.下列文句「」中的字詞，何者意義相同？

(A) 君子以「文」會友，以友輔仁／行有餘力，則以學「文」

(B) 喪，與其「易」也，寧戚／貴人過而見之，「易」之以百金

(C) 生乎吾前，其聞道也，「固」先乎吾／事行身死，「固」所願也 ※

(D) 有良田、美池、桑竹之「屬」／武仲以能「屬」文，為蘭臺令史

亮點說明：提供文言語境供比較判斷

【你來試一試】

「痛苦不已」的意思是？

(1) 非常的痛苦

(2) 一陣陣的痛苦

(3) 不會覺得痛苦

(4) 痛苦已經結束

* 修題重點：

總之，舉這幾個例子是希望在語文評量的設計過程中，能充分考量語境的搭配，否則會顯得太零碎片段，無學習的意義。

選詞填空

選詞填空主要檢核學生對於短語或句子的完整與合理性理解。
設計「選詞填空」題型時，候選詞語和題目不要一樣多，
答案應比題目多一～三個（高年級可以多一點），讓學生有挑戰性。

而且這些候選詞語，要有「**誘答性**」為佳。

例如：

〈候選詞〉沙石、沙漠、沙灘

在〈　　〉上，有許多遊客在日光浴。

這題比較沒有誘答性，因為沒人會在沙石上日光浴，很痛；
而沙漠，太酷熱。

又如：

〈候選詞〉敏捷、敏感、敏銳

他有著〈　　〉的身手，在運動場上無人能敵。

這題顯然就較具誘答效果，這三個詞語應用上較易混淆。

但也不能太多候選詞。比如題目只有五題，候選詞語卻有十五
個，學生每一題都要考慮十五個答案的通順與否，這就顯得太
繁瑣了。

值得注意的是：

低、中年級建議用填充題或選擇題，可讓學生填寫詞語，以熟練該語詞或成語；

但到了高年級，如果題目多，即可用代號寫答案，不必浪費時間填詞。

類似〈**填上正確的量詞**〉的題型，亦應增加語境，以完整的句子來呈現題目。

例如：

一「　　」大樹　　（棵）

宜修正為：

校園裡有一「　　」大樹，下課時大家喜歡在那兒乘涼。（棵）

除了上述的選擇題型之外，定期評量中也經常出現〈短語練習〉這類的題目。

短語練習

短語乃由兩個或兩個以上的「詞」（或詞語）所構成，**形成更具體明確的意義。**

例如：

（開開心心）上學去

心裡又（生氣）又（難過）

雖然短語無法像「句子」一般要有完整的意思；

但短語可視為形成句子前的**「詞語組合」**練習。

換言之，短語是介於詞語與句子之間的語言形式。

就語意而言，可謂半生不熟，有些明白，又不太清楚，

可以指涉某些事物，但沒辦法達成完全溝通的目的。

此部分常以「照樣寫短語」的題型出現，例如：

（高大）的（樹木）

（　　　）的（兔子）

（　　　）的（　　　）

主要是讓學生**辨識語法，分析規則或慣性，再依「樣」造短語。**

此題型乃字詞進入句子的過渡，較適合於低、中年級。

就素養導向的設計而言，建議要以**「演進語料」**來呈現。

如前述的形容詞加名詞，先提供完整的短語，再提供部分的內

容（兔子），

最後留下「樣」，（　　）的（　　）開放卻有隱含語法規則，讓學生填寫。

切勿在語法尚不明晰的時候，就讓學生填寫，很可能就變成亂填了。

例如：

又高又低

又（　　）又（　　）

如果學生寫「又開心又快樂」，或者「又大又胖」，就因為沒有規準（如「高」與「低」是相對並列的情況），而不容易批閱了。

其次，短語若以「選擇題」呈現，要選用**課文中重要、常用詞語或成語**，容易拓展為生活經驗的詞語作為目標詞較佳，如：「擔憂」。

不易造句的詞語或冷門的成語就要考慮了，如：「心悸」、「老將伏櫪」等。

由於〈短語練習〉主要的評量目標在於讓學生藉由同詞性的詞，
透過「換置」的練習，隱約學到「語法」，
因此**替換目標要明確，過多的替換容易「失焦」。**
（或讓答題者不知所措）

例如：
（一隻隻）（小青蛙），脫去欲填的內容，
即成（　　　）（　　　　）的「樣」（組詞樣式）。

這似乎看不到語法規則，試問，學生如果寫（一條）（魚），
老師可以接受嗎？

建議簡化語法結構，並且應有兩個以上的例子，方能習得語法。

例如：
一隻隻　小青蛙
一隻隻（　　　　）
（　　　）小黃牛
（　　　）（　　　　）

又例：

（坐在）（寬）的（椅子）上

（　　）（　）的（　　）上

似乎看不到語法規則，學生如果寫（飛在）（藍）的（大海）上，可以嗎？

建議修改如下：

坐在（寬的）椅子上

坐在（　　）椅子上

坐在寬的（　　）上

（　）在（　　　）上

總之，短語的練習，宜有形成短語的參照樣式，**並保留一兩個詞語，供學生理解其短語組成的合理性；**

不能只留下空殼，否則學生在答題時，可謂既「自由」，也可能「不知所云」了。

Chapter 5

語意篇：
句式語法

「句子」是文章的組成單位之一，也是閱讀理解的基本內容，「句子」可說是用語文進行人際「溝通」的起點。

學生學習句子的主要目的在於：

能「理解」句子的意義或內涵，

掌握句子的結構與語法（尤其是句子常有的一些省略與變化等現象），

進而擁有**以句子進行口語或文字表達的能力**。

句子形成

句子乃由「詞語」所組成。

因此，透過**詞語的解構、分析、調整與組合**的方式，即可評量學生對句子組成結構的認知與理解。

句子的評量基本上分為三部分：

分別為**句意完整（語意邏輯）、句子結構（句式語法）、句子表現合宜與變化（造句練習）**等進行評量。

句子的學習，**不應強調專有名詞的搭組（如詞性或文法），而是生活情境的延伸與活用**。

是故，鼓勵老師們進行評量設計時，應隨時掌握依人、事、物等語境不同而「轉化」的原則，以活用諸多的題型，而不致流於固化的評量題式。

組成句子

句子可分為單句與複句。

單句是最小的句子單位，其基本句型不外是以下六種：

1. 誰是什麼？（定義）
2. 誰做什麼？（動作）
3. 誰怎麼樣？（狀態）
4. 什麼是什麼？（定義）
5. 什麼做什麼？（動作）
6. 什麼怎麼樣？（狀態）

因此，欲檢視學生基本句子組成的能力，即可以下例進行評量。

動態評量：教師拿出字詞卡，請學生排列組合成六個句子。

爸爸	是	我們的
避風港	小華	每天
早起	做運動	你
玩得	很開心	嗎
星星	是	夜空的
眼睛	蝴蝶	翩翩飛舞
小白花	開了	

答題提示：「不可增補字詞或改變原來的語詞。」；「句末加上標點符號。」

參考答案及語法結構分析：

1. 爸爸是我們的避風港。→爸爸（誰）＋是我們的避風港（是什麼）

2. 小華每天早起做運動。→小華（誰）＋每天早起做運動（做什麼）

3. 你玩得很開心嗎？→你（誰）＋玩得很開心嗎（怎麼樣）

4. 星星是夜空的眼睛。→星星（什麼）＋是夜空的眼睛（是什麼）

5. 蝴蝶翩翩飛舞！→蝴蝶（什麼）＋翩翩飛舞（做什麼）

6. 小白花開了。→小白花（什麼）開了（怎麼樣）

思考、討論與歸納

完整的句子應具備什麼條件？

1. **基本元素**的三種說法：

   (1) 有頭、有身體　例：水鴨 回來了！

   (2) 什麼／人＋是什麼／做什麼／怎麼樣（口語），組成六種句式

   例：這土角磚可真是難看！

   (3) 主語＋謂語（中文語法）

2. 有語氣（陳述、疑問、驚嘆、祈使），別忘了應加上**標點符號**。

   例：我們來數數看吧！

換言之，在實際的句子教學中，我們通常會避免以專有名詞說明句子的組成（如：這是主語，這是謂語……）。

老師可依自己的教學經驗或與教學夥伴討論激盪，提出幾個可用於教學現場的替代詞語（如：頭與身體）來說明句子是怎麼組成的？再研商可行的教學方法或策略。

例如，由教師提示主語、謂語的替代詞語：

1. 句子就像——火車頭與車廂；樹葉與枝幹；蓋子與瓶子；屋頂與牆壁……

2. 以人形圖（頭＋身體）或大樹（枝葉＋主幹）呈現出句子的主謂結構，再請學生個別或分組扮演其中一個部分。

3. 以 **什麼**〔主語〕，加上 **是什麼／做什麼／怎麼樣**〔謂語〕進行排列組合遊戲。

補充句子：使句意完整與通順

句意不完整是許多學生經常出現的狀況，可以透過「補充句子」的題型來促進學生能說出或寫出完整句意的能力。

例如：

請檢視下列意思「不完整」的句子，

增補一些詞語讓它的意思完整且通順。

1.小美是。（缺：什麼）

2.愛運動。（缺：誰）

3.家是個地方。（缺：形容什麼樣的地方）

4.游泳前要記得。（缺：做什麼 / 受詞）

5.小羊聽到小鳥在樹上。（缺：怎麼樣）

6.這本書。　（缺：主述語句）

7.我跑上樓（缺：補述語句及標點）

8.你別說抱歉（缺：補述語句及標點）

9.我終於到了（缺：前面情境語句及標點）

思考、討論與歸納

完整的句子應該有哪些條件？

答：Ａ.有頭、有身體；B.語意完整、合理通順；Ｃ.要有標點（語氣）

增補上下文的句子：使語境完整合理

有時單一句子無法呈現語用的情境，此時即可用「增補上下文」
的方式來評量學生建構對話情境。

例如：

請在不改變原句的情形下，增加上下文，使這些句子形成有意
義的「對話」。

題例 1：請增加上句

「（哪一本書是向圖書館借的）？」

「這一本書。」（原句）

題例 2：請增加下句

「你們看！」（原句）

「（那就是祖師廟）。」

題例 3：請增加下句

好可愛啊！（原句）

（這就是小黑點變成的小青蛙）。

句意理解

句意理解，主要著重在句子的語意邏輯，也有些是更精準的詞語配對。

一個正確的句子，有以下三個要求：

語意完整

他們興建了一座最大的水庫。

（ 跟哪裡比「最大」，沒指出範圍）

我一口氣跑到家，跑得氣喘如牛。（ 從哪裡開始跑？）

語詞正確

這一盞燈很（光亮 ※、光明）

祝你前途一片（光亮、光明 ※）

語序通順

我家要搬到鄉下去，省錢為了。（ 語詞的順序要正確）

你總是的想法我不懂，誤會一直才會。（ 你總是不懂我的想法，才會一直誤會）

【好題共欣賞】

1. 請問下面哪一個句子的意思前後矛盾「不合理」？

(1) 謝謝你為這個活動畫下完美的休止符

(2) 老師播放催眠曲，讓學生上課更專心 ※

(3) 臺上演唱家高亢的歌聲，很有吸引力

(4) 她柔美的歌聲讓聽眾沉浸在美好之中

亮點說明：提供語境完整供評者判斷句子的邏輯

2.「叔叔最近春風滿面，因為他要結婚了！」，這句話的意思是什麼？

(1) 叔叔決定在春天這個季節結婚

(2) 叔叔結婚時，春風吹滿他的臉

(3) 因為快結婚了，叔叔心情很好 ※

(4) 春風一吹到，叔叔就要結婚了

亮點說明：四字語詞的理解與合宜搭配

3. 下列哪一個句子的內容「不通順」？

(1) 班長各方面表現都很傑出，的確是個品學兼優的好學生

(2) 這家書局，媽媽現在帶我來過兩次 ※

(3) 聽完這首歌曲，你應該知道是誰唱的吧

(4) 你當眾罵他，實在太傷人了

亮點說明：語詞時態不一致

4.請找出「句型」使用<u>不恰當</u>的句子？

(1) 爸爸告訴我，只要多練習，功課就會進步

(2) 爸爸即使很忙，就會抽空陪我放風箏 ※

(3) 大家都回家了，就是還沒看到爸爸的人影

(4) 不只是爸爸高興，就連爺爺也很高興

亮點說明：關係複句的語意合理性判斷

5.「□□我的球技還不夠純熟，我□□會繼續努力，才能有更好的成績表現。」請填入適當的語詞。

(1) 即時 / 只有

(2) 即使 / 還是 ※

(3) 即刻 / 仍舊

(4) 即便 / 然後

亮點說明：關係複句的語意合理性判斷

6. 請把下列的文字，重新排列成一個完整的句子，順序最恰當的是何者？

A. 心裡好快樂

B. 獵人打開網子

C. 獵人一路吹著哨子回家

D. 把猴媽媽放走了

(1)ABCD

(2)BDCA※

(3)ADCB

(4)DCBA

亮點說明：句群合理性判斷

7. 曹操〈短歌行〉此首樂府詩中，何句表達其「求才若渴」的主要意圖？

(A) 對酒當歌，人生幾何？譬如朝露，去日苦多。

(B) 慨當以慷，憂思難忘。何以解憂？唯有杜康。

(C) 明明如月，何時可輟？憂從中來，不可斷絕。

(D) 山不厭高，海不厭深。周公吐哺，天下歸心。※

亮點說明：理解文言句意

8. 南朝江淹的「別賦」描寫了不同的別離之情狀。下列何句
　是指「情人之別」？

(A) 是以行子腸斷，百感淒惻。風蕭蕭而異響，雲漫漫而奇色。

(B) 龍馬銀鞍，朱軒繡軸，帳飲東都，送客金谷。

(C) 暫游萬里，少別千年。惟世間兮重別，謝主人兮依然。

(D) 春草碧色，春水淥波，送君南浦，傷如之何！ ※

亮點說明：理解文言句意

9. 下列選項中，何者依據春、夏、秋、冬四季時序正確排列？

甲、四面荷花三面柳，一城山色半城湖

乙、朔風蕭條白雲飛，胡笳哀極邊氣寒

丙、黃菊枝頭生曉寒，人生莫放酒杯乾

丁、鶯聲漸老，紅英落盡青梅小

(A) 甲乙丁丙

(B) 丁丙甲乙

(C) 乙甲丙丁

(D) 丁甲丙乙 ※

亮點說明：理解句意並排序

句子表達

句子的讀與寫，是低年級與中年級重要的學習重點之一。

句子的形成，乃指在題目的示意下，將字詞有序、合理的組成有完整意思的句子，也就是所謂的「造句」。

從語文輸入（input）的角度來看，聽懂句子、讀懂句子，是理解語文、與人溝通的重要練習；若從語文輸出（output）的角度視之，用完整句進行口語表達，用文字合理適切的「造句」，都是最基本的語文表現。

句子對語文學習的重要性，可見一斑。

與句子表達相關的評量，有：

1. 替換語詞：

（農人）和（懶惰）做了朋友，（收穫）就會減少了。

2. 換句話說：

凡是立大功、做大事的人，都是先吃盡苦頭，最後才成功的。

先吃盡苦頭，最後才成功的，都是立大功、做大事的人。

3. 依式造句：

有（高的）、有（矮的），不用說，從（外表）看去，就知道（我比較喜歡誰了）。

另外還有照樣造句、語詞造句、關聯詞造句、標點符號，以及修辭等，

以下分別詳細介紹。

照樣造句

照樣造句乃是由評量設計者提供**句子的「樣」（format）的鷹架或提示**，如某複句的句型，或是慣用的語句，讓學生依「樣」寫句子。

例如：

她的（口袋裡）似乎（裝滿了稻穗），顯得有些（沉重）。

她的（　　　）似乎（　　　　），顯得有些（　　）。

為使學生能在理解評量的重點，建議評量內容亦應採「**演進語料**」的思維，

漸進拆除提示語句。

例如：

一碰到冰冷的海水，我就嚇到了。

一（　）到（　）的（　），（　　）就（　　）了。

就學生而言，這些空格實在很難填寫，而老師又要求完成句子，因此，有可能會出現這樣的句子：

「一吃到火熱的包子，他就跳下了。」

這個學生的句子，詞性完全對應，但語意卻不合邏輯。

主要就是因為這個題目並非典型的「樣」，其實沒有太大的仿造意義。

建議直接用「慣用語」命題較佳，透過演進語料的設計，

再以「一……，就……」的句式作為開放性的回答更為適切。

建議修改如下：

一碰到冰冷的海水，我就嚇到了。

一（摸）到（溫熱）的（茶杯），（　）就（　）了。

一（　）到（　）的（　），（妹妹）就（笑）了。

一（　　　　　　　），（　）就（　）。

以下為幾個「限制式」造句（或稱「情境式」造句），以搭「鷹架」的思維設計評量。

【好題共欣賞】

1. 句型：「……要到……才……。」

(1) 弟弟要到考試前，才（　　　　　）。

(2) （　　）要到（　　），才願意上床睡覺。

亮點說明：漸進式的造句

2. 句型：「不管……，都……。」

(1) 不管天氣如何，都……。

(2) 不管……，都一定要努力。

(3) 不管……，都……。

亮點說明：漸進式的造句

語詞造句

造句評量的題型中，最常出現的是「語詞造句」或「關聯詞造句」。「語詞造句」主要是檢視學生對某些重要語詞的理解與應用能力。在評量設計時，必須考量該語詞的「應用性」。

舉例而言，請檢視下面二題，何題較適切？

請用「**奶茶**」造句。（ 你，真的很喜歡喝奶茶，是吧！）

請用「**冷淡**」造句。（ 這個詞語比較有語文延伸應用的機會。）

另外，有些成語不適合造句，也應注意，例如：「請用『**開天闢地**』造句」（這，很難造出不同的句子吧？大概只有：「**盤古開天闢地，令人佩服！**」之類的）。

以定期評量的角度思考，建議直接要求學生以課本習得的語詞來進行造句，這是重要的句子表達練習。

例如：

請以「**舉辦**」造一個有因果關係的句子。

請以「愉悅」寫出語意完整的句子。

🖉 --

請以「三心二意」寫出合理通順的句子。

🖉 --

亮點說明：在題幹中，指出對句子的要求

請由以下方框中，至少選擇三個語詞，寫出一個跟戶外活動有關且**完整通順**的句子。

| 足球 | 打 | 朋友 | 跳 | 跑 | 繩 |
| 棒球 | 同學 | 丟 | 踢 | 操場 | 我 |

1. --

2. --

亮點說明：選合適的詞組，完成句子

關係詞造句

關係詞，或稱為「關聯詞」，在複句的形式中經常可見，主要目的是呈現子句間的意義關係。

常見的關係複句如下：

● **並列（對等）**：又……又……

● **承接**：於是，然後

● **遞進**：並且、更加、不但……而且

● **連鎖**：越……越……

● **選擇**：或者、不是……就是……

● **轉折**：雖然……可是（但是）

● **假設**：如果……就……

● **條件**：只有……才……

● **目的**：為了、以免

● **因果**：因為……所以……

在關聯詞造句的部分，**建議提供部分語境**，而不只是把關聯詞列出。

例如：「因為……，所以……」，學生很可能會造「因為餓了，所以吃飯。」等簡單卻沒有意義的句子。

又或者出現如下的句子：

如果可以——如果可以不用考試。

三三兩兩——我不知道什麼是三三兩兩。

（改到這樣的句子應該會氣結吧！）

建議題目設計如下：

儘管（我這次沒有跑第一名），卻 _____

儘管 _____，我卻（學會做人的道理）。

也可以提供較完整情境，再請學生依照情境和關聯詞造句。

例如：

〈情境〉小安一放學回家，便把書包一丟，開始看電視，完全忘了寫作業這件事，所以上課學習效果不佳。

請以〈要是……，那麼……〉造一個語意完整的句子。

✏️ _____

_____

_____

_____

_____

_____

_____

【好題共欣賞】

以下會提示你句子的一部分，請發揮你的想像力，完成一個完整的句子吧！

保護地球不僅是一種責任，……。（遞進）

天上的雲兒變化多端，一會兒……，一會兒……。（並列）

如果這次比賽不能獲勝的話，……，就連在旁邊加油的同學都很緊張。（假設）

由於考試快到了，因此……，才不會……！（因果）

……，決不讓老師、同學失望！（取捨）

若本題能設計成一個題組，每個句子都是在同一情境並連貫更棒！

標點符號

標點符號屬於句子的一部分。一方面為**朗讀**的輕重、快慢、停連而服務，可以讓朗讀者知道如何將句子的意思完整的表達；另一方面，也為**默讀**時的閱讀理解而服務，可以讓讀者知道語句的語氣，或作者想表達的內隱情緒與意義。

因此標點符號的評量可以分為「理解」與「應用」兩個主要層面。建議在設計標點符號評量時，不要引用與課本相同的句子，而是將這段考範圍內學到**「重要」的標點符號，重新編寫句子，並評量學生是否能理解或應用。**

我們簡單的複習一下標點符號，並以可愛的兒歌表示其功能。

句號	。	小胖子，像圓球，句子說完請停留。
逗號	，	小蝌蚪，尾巴彎，暫時放在句中間。
頓號	、	桃姑娘，愛跳舞，辛苦分開並列詞。
分號	；	兩子句，擺中間，意思相連又不斷。
冒號	：	上下點，提醒你，遇見就要開口說。
引號	「」	四方臉，站兩端，出現代表有話來。
問號	？	小耳朵，真好奇，遇到不懂就發問。
夾註號	（）	小貼心，暗示你，補充說明有意思。
破折號	——	一長畫，占兩格，語句調整可用他。
刪節號	……	六個點，沒說話，省略一些就見他。
私名號	﹍	一長線，左邊掛，地名人名記得掛。
驚嘆號	！	棒球棒，表心情，喜怒哀樂都會來。
書名號	﹏	遇見書，站左邊，知書達理有學問。
音界號	·	中黑點，管姓名，洋名譯音站中間。

以下列舉一些題例供您評量設計時的參考。

【好題共欣賞】

1. 請為下面句子填上適當的標點符號：

「他整天遊蕩，根本不想讀書呢 ＿＿＿ 」

(1)「？」(2)「！」※ (3)「。」 (4)「——」

亮點說明：理解「根本」一詞所呈現出來的語氣

2.「大家都應該為自然生態永續發展盡一份心力□如此方能使資源取之不盡□用之不竭。」請問這兩個□適當的標點符號是：

(A) ，、※

(B) 、。

(C) ，！

(D) ：。

亮點說明：提供句子情境

3.「如果你一直這樣庸庸碌碌的過日子□未來還能有什麼前途
可言□」這兩個□應填入何項適當的標點符號？

(A) 、。

(B) ；？

(C) ：。

(D) ，？ ※

亮點說明：提供句子情境

填寫標點符號

請閱讀下文，並填上適當的標點符號

　　就在小育和小健百思不解的時候□謝老師剛好走了過來□
說□□怎麼了□兩個人都在這裡發呆□□小育對老師說
□□荷花與蓮花到底有什麼不同呢□□老師笑著說□□其
實荷花就是蓮花□它們指的根本就是同一種植物□當然就
沒有什麼區別可言了□□

插入標點符號、區別句子

請在你覺得可以插入標點符號的地方，先畫一個 ＾，再填上適當的符號。

聽完謝老師的說明小育和小健當時便覺得不好意思因為對荷花蓮花的不了解居然讓兩個好朋友爭得面紅耳赤謝老師接著補充說其實你們經常分不清的是荷花與睡蓮有人說荷花的葉子跟花朵都會挺出水面而睡蓮的葉子浮在水面花朵也正好開在水面用這個特徵可以作簡單的區別可是有時候某些品種的睡蓮也長得很像荷花的葉子和花朵所以老師再跟你們說一個特徵就可以讓你們更明確的區分了小健說是不是跟蓮蓬有關呢老師點頭說沒錯蓮花會生蓮藕也會結蓮蓬睡蓮不生蓮藕也不結蓮蓬小育說謝謝老師以後我們一定不會再分不清楚了這真是寶貴的一堂課

用限定的標點符號造句並寫成一段話

情境提示：小健回到家後，媽媽問他在學校有沒有發生有趣的事。

符號提示：。　，　、　；　！　？　：　「」　（至少須用一次）

句子變化

為了表情達意，我們會以語詞形成各式各樣的句子。然而，為了讓句子能吸引別人，或是更凸顯某部分的想法，就可以透過各式的句子變化，達到不同的目的。

檢視十二年國教語文課綱，關於寫作的學習表現就明白表示出句子變化的各種技巧是學習重點，例如小學的這三項：

6-Ⅰ-4　使用仿寫、接寫等技巧寫作。

6-Ⅱ-6　運用改寫、縮寫、擴寫等技巧寫作。

6-Ⅲ-6　練習各種寫作技巧。

我們可以看到「仿寫、接寫、改寫、縮寫及擴寫」等五種寫作技巧；其中，仿寫就類似前述的照樣造句、語詞造句及關係詞造句，在此就不多說了。以下分述接、改、縮、擴四類評量的設計。

接寫

在此類的句子評量中，命題者會呈現一個基本語句，例如：

陽明山的風景……　（不一定要陽明山啦，阿里山、太武山都可以呵）

接著要求作答者，**在不改變基本句意的條件下，接寫句子的內容**。如下：

陽明山的風景（真美麗。）

陽明山的風景（實在太迷人了！）

陽明山的風景（簡直像人間仙境一樣。）

陽明山的風景（怎能不令我流連忘返？）

【好題共欣賞】

句子只有提供一部分，請接續三至五個句子，讓段落有完整的意思！

▤ 大清早，我和爸爸在山路中慢跑。爸爸跑在前面，我跟在後面。

🖉 --

改寫

為了讓句子有所變化，卻又不願失去本意的情況下，我們通常會利用某些字詞或句式**的不同排序組合或變化，來做不同形式的表達**。這也是常見的句子評量方式之一。

以下三類是較常見用於改寫評量的句式變化：

1.**「把」（主動）、「被」（被動）**

　我把這朵花摘下。

　這朵花被我摘下了。

2.**陳述句 、反問句**

　沒有科學方法的驗證，這些道理是不可信的。

　如果沒有科學方法的驗證，這些道理是可信的嗎？

3.**改變語詞排列次序**

　指南針是我們祖先發明的。

　我們祖先發明了指南針。

【好題共欣賞】

請將句中的語詞重新安排，但需維持句子的意義不變，也或許需要增刪一些字詞哦！

▤ 一位溫文儒雅的賽夏族青年，穿著傳統的服飾，彬彬有禮的敬酒，為大夥兒講解祭典中的種種禁忌。

✎

縮寫

縮寫，就閱讀而言，可檢視學生是否能理解複雜句子的主要意思，也可以說是「摘要」的基本能力。

就寫作而言，當我們零零散散的寫了一些句子，為求寫作重點的釐清，或分出段落中的主要句子、次要句子，此時便可以利用「縮寫」達成凸顯文章主次重點的效果。

具體的邏輯很簡單：**去枝葉（附加詞語），留主幹（主要成分）。**

程序如下：

1. 確定主要句意內容

（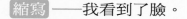　還記得第五章前面有提到基本句型嗎？對，就是去找頭和身體）

2. 去除修辭形容補充

（　將一些形容詞、副詞、補語、修辭手法等先暫時刪略）

3. 修整句子呈現精要

（　將留下來的語詞，合宜而有條理的形成一個句子）

例如：

1. 我看到了亂蓬蓬的長髮下那平靜而慈祥的臉。

　縮寫 ——我看到了臉。

2. 一大早，鳥兒就在窗前，吱吱喳喳說個不停。

　縮寫 ——鳥兒叫不停。

3. 樓下的操場，它那麼大，那麼綠，像一大塊綠色的地毯。

　縮寫 ——操場很大。

【好題共欣賞】

在句子主要意義不變的條件下，請刪除一些語詞，讓句子的內容更精簡！

▤ 走在黑暗的道路上，燭光映在每一個人的臉上，看起來更甜美溫馨。走著、走著，遠處的黑暗中浮現了數點燈光，這邊數點，那邊數點，然後那些燈光漸行漸近，同時夾雜了陌生孩童的笑語聲。不久，一群快樂的提燈人在黑暗中會合，再錯肩而過，最後又化成了數點燈光，消失在遠方的黑暗中。

擴寫

相對於縮寫，擴寫就是基於主要內容，透過詞語或句子的「加油添醋」，使內容更為清楚明白，令讀者印象深刻，增加文章的語意效果。

基本原則是：**擴句：簡單句＋附加詞或短語→具體明確生動**

例如：

柿子在陽光下看起來很可愛。

許多做柿餅的人家，屋前屋後都排滿了柿子，在陽光下一片金黃，看起來很可愛。

特別要注意的，有兩點：

1. 由原句擴充，不能改變本意。

我買了一顆蘋果。

我只有買了蘋果、香蕉和柳丁。（Ｘ）

2. 與原句詞語搭配要適切合理。

天空下起雨了。

天空下起了一片片的雨。（Ｘ）

【好題共欣賞】

保持句子的主要意義不變，請選擇一至二個關係詞，加上一些內容，讓句子的內容更豐富！

☰ 下課鐘響，操場上小朋友都在運動；十分鐘很短，大家回到教室。

提示 有的……，有的……，還有的……；個個……；盡情的；就像……一樣；可惜；只好

✎

句子修改

句子修改，也可以稱為「**修改病句**」的題型。

前述第四章有「改錯字」，主要是針對「字」的層次處理；

句子修改就涉及許多病句的狀況，**評量設計時可針對學生常出現的句式錯誤**來設計病句，供學生修正成正確合理的句子。

以下為各種常見的病句狀況：

1. 成分殘缺：

遠遠看起來，宛如一幅北方的「冬天積雪圖」。

2. 用詞不當：

我家的牆上，掛著一條對聯：「橫眉冷對千夫指，俯首甘為孺子牛。」

3. 搭配不當：

老師將回家作業作了透明的 5 交代。

4. 詞序混亂：

不同的風格的吹奏出曲子各種樂器。

5. 指代不明：

班會時，小明建議去班遊，小華提議當志工，我支持他的意見。

6. 重覆累贅：

我奶奶是一個七十幾歲的老年婦女。

7. 關聯詞運用不當：

我不但聰明，反而勤勞。

8. 概念不清，缺乏邏輯：

今天不可能下雨，你卻帶傘，肯定會全身淋溼。

【好題共欣賞】

以下先以五個類題，示範不同重點的句子修正。

類題 1 **下列句子「內容不完整」，請修正或增補。**

A. 在花園裡玩耍。

B. 太高興了！

C. 小羊聽到小鳥在樹上。

D. 早上公園真熱鬧，還有人在做早操。

E. 紅綠燈好像小衛兵。

F. 這隻貪心的狗，不但沒有吃到那塊肉。

類題 2 　**下列句子「語詞搭配不正確」，請修正或增刪。**

A. 這時，天邊產生一條彩虹，彩虹是七彩的橋，看起來很美麗。

B. 彩虹不聽白雲的話，但是很生氣。不久，太陽就悄悄的躲進雲裡，彩虹就不見了。

C. 放學後我要見面我的阿姨，我很期待！

D. 我長大後一定要疼愛父母，才能報答他們的辛苦。

E. 放學前，老師要我們消除班上的垃圾，讓教室能夠保護整潔。

F. 大部分野生的肉食性動物都有嗅覺敏捷、觸覺靈敏、身手敏銳的特性。

類題 3 下列句子「順序混亂」，請重新排列成通順的句子。

A. 第一個 / 是 / 小香 / 新朋友 / 我的。

B. 小雨蛙很失望，/ 給 / 沒有人 / 因為 / 寫信 / 他 / 都！

C. 很快樂 / 他們 / 玩得，來了 / 風，走了 / 火車 / 開，也 / 山 / 不見了。

D. 出現在眼前 / 走在田間的小路上 / 爸爸拉著我的手 / 一大片一大片金色的稻田

E. 走近一看 / 田裡有一個人 / 遠遠的 / 原來是爸爸做的稻草人 / 向我們揮手。

類題 4 **下列句子「有些多餘的語詞」，請刪除修正成通順的句子。**

A. 今年一年一度的耶誕節就要快到了，我的那個媽媽和我的朋友們，都很努力的上下的忙著。

B. 他們全部找了許多瓶子，他們再把瓶子一個個上色。在我們家前面的院子裡，大家要花時間布置成一棵美麗的耶樹，大家帶來了許多許多不一樣的氣球、不一樣的燈炮和不一樣的大大小小的卡片，把院子裡的大樹打扮得非常的漂漂亮亮。

類題 5 **句子醫生，麻煩您醫治下列生病的句子，讓句子變成通順合理。**

小健和小妮約在校門口，他對他說：「你數學考了一百分哦！」（代詞）

_____

在同學的協助之下，我克服了錯誤。（語詞搭配）

_____

他們引領跨入知識的殿堂。（受詞）

_____

農田裡的水稻有一點點綠油油的，真是好看！（語法邏輯）

_____

他不但會唱歌，反而會跳舞。（關聯語詞）

_____

我正在寫功課，媽媽才來告訴我早點休息。（語態）

_____

手拉手圍成三個半圓／好讓矮靈進來／留下東方的一個缺口／只見穿著傳統服飾的族人們。（句意邏輯）

_____

下列四個句子中，何者**不通順**？

（A）除了學業成績之外，模範生還需要有敦厚的品德

（B）如果他人緣不好，分組的時候就會很難找到同伴

（C）縱使今天沒有下雨，媽媽也不會帶我們出去踏青

（D）只要我們有信心，就可以沒有開心的出去外面玩 ※

亮點說明：以句子語境讓學生判斷不通順之處

修辭

修辭乃是指「美化句子」的各種手法。由於學術研究與寫法分析的需要，許多學者將各類具特別效果的句子，分別給予特定的名稱，就是所謂的「修辭格」。

常見的修辭格如下：

1. 以內容而言

(1) 譬喻：喻體＋喻詞＋喻依（具體、形象化）

(2) 擬人：使事物具人的言行、思想、情感

(3) 擬物：分為以物擬物或以人擬物

(4) 對比：相對或相反的事物並列

(5) 摹狀：依事物特質摹寫出聲音、顏色或形狀等

2. 以形式而言

(1) 排比：用三個以上結構相似的句子，逐一排列敘寫

(2) 層遞：依其深淺、高低、大小、遠近、輕重等順序列寫

3. 以語氣而言

(1) 反覆：字詞或短語故意重複

(2) 設問：如疑問、懸問、激問、提問等

(3) 感嘆：以語氣助詞呢、啊等呈現語氣變化

許多老師對於修辭非常重視，甚至以判斷修辭格為重要的評量重點。

請在下方的句子前面加上修辭格的名稱。

【　　】岳納珊看了，好不心煩。

【　　】為了追求理想，他忍受孤獨，忍受譏嘲，忍受痛苦。

【　　】他立志要飛得快，飛得高，更要飛得漂亮。

【　　】一隻海鷗，究竟能飛多快？「我能不能飛得像鷹一樣快？」他一面想，一面從高使盡力氣⋯⋯。

【　　】果然，他像一隻獵鷹！

【　　】我很累⋯⋯累得連從客廳到廚房，都想叫部計程車。

【　　】好美啊！一輪旭日東昇了。

【　　】你看！火紅的太陽，騰躍而出。

【　　】先是灰雲換成紫雲，紫雲又轉換成紅雲，紅雲又漸變成
橘色，橘色的雲逐漸閃耀著金光。

很棒，我猜你都答對了。

但是，能判斷修辭格，與句子的表達或寫作能力，真的有關係嗎？

我們寫作時，會汲汲營營於各種修辭格的套用嗎？

此時讓我們來檢閱十二年國教的國語文領域課程綱要，

你會發現「正文」完全沒有出現「修辭」二字，

只有附錄三的「教學實施」（頁51）如是說：

「能漸進引導學生蒐集材料、審題、立意、選材、安排段落、
組織成篇、修改等寫作過程步驟與實踐，並依溝通情境（含數
位媒體運用）與對象，恰當運用詞彙、文法修辭與標點符號，
積極創作不同類型文章，以達成語文表達的目的。」

結論是：**在寫作時，能恰當運用，方是學習重點。**

換言之，在中小學階段，對於「修辭」的學習，主要著重其手法的理解（形成文句的何種效果），更重要的是其仿擬、試練與活用。

切勿以修辭名稱的記憶與辨識為評量重點，否則修辭僅淪為記憶，而無應用之實際，甚為可惜。

以寫作應用而言，於評量中要求學生進行短文寫作時，若要求要運用五種感官的摹寫（即所謂的「五感摹寫法」），應考慮國語文教材中是否全部呈現過，並且已經習得，否則不能一味要求學生仿造。（況且，並非所有事物或景物都適合用上五種感官的摹寫！）

此外，修辭法更要考慮常用的，如譬喻、擬人、設問、類疊、排比等。較冷門或抽象的修辭，如：轉化〈以擬人、擬物代替〉、映襯、層遞、鑲嵌，除非課本明確出現，才考慮列入考題之中。

總之，修辭重在寫作時的「適切應用」，而不是辨別修辭格的名稱。因為大部分的作家寫文章時，大多是自然抒發情感，而不是刻意要用那些修辭來凸顯自己技巧高超。

回到評量設計而言，宜避免用「直接提問」或「寫出修辭的定義」，或提問「下列哪一個是運用某種修辭法」（例如「擬人法」）。

題例1：下面哪一個句子運用「擬人法」？

(1) 秋天對我眨眨眼

(2) 人們都在尋找秋天

(3) 秋風捲落了片片楓紅

(4) 秋天的天氣十分涼快

建議應該先寫出一個例子再問。例如：

「秋天的歌聲迴盪在樹梢，讓楓葉醉紅了臉。」這句話和下列哪一句運用相同的描寫技巧？

(1) 秋天對我眨眨眼 ※

(2) 人們都在尋找秋天

(3) 秋風捲落了片片楓紅

(4) 秋天的天氣十分涼快

題例 2：「蒲公英，一朵朵，像金黃色的小太陽」是用了何種修辭法？

(1) 映襯

(2) 設問

(3) 譬喻 ※

(4) 感嘆

修正建議，給例句類比，再辨識。例：

「蒲公英，一朵朵，像金黃色的小太陽。」這個句子運用了「譬喻」修辭法，把蒲公英比喻成金黃色的小太陽，請問下列句子何者**不是**運用譬喻修辭法來描寫？

(1) 小雯是快樂國小四年一班的學生 ※

(2) 小狗發出哼哼的叫聲，好像小孩在哭泣

(3) 小明的食量驚人，胃就像個無底洞，永遠填不滿

(4) 陽光從枝葉透進來，變成一道道雷射光，耀眼且柔美

【好題共欣賞】

1. 動態描寫可讓讀者感受或想像到畫面「生動的姿態」或「靈活的動作」，下列哪一個是「動態描寫」的句子？

(A) 那位文靜的女孩是我的妹妹

(B) 那一件藍色的襯衫是爺爺的

(C) 爸爸是玩具模型的組裝高手

(D) 姊姊在舞臺上盡情的舞蹈 ※

亮點說明：先說明定義再指認句子

2.「五隻水牛在芭蕉園的蔭涼處休息，兩個村童騎在牛背上。」這種在將眼睛所看到的各種人、事、物的感受，通過作者本身的體會，加以描述形容的修辭方式稱為「視覺摹寫」。請問下列句子中，何者也是使用這種修辭法？

(A) 我還年輕，我將會有許多夢想，我的心飛得比飛機還高

(B) 若不是同學們無私的幫忙，你能在期限之前完成作業嗎

(C) 我們只要輕輕一搖，許願瓶子就會發出叮叮噹噹的響聲

(D) 荷塘四面有許多樹，路邊盡是楊柳，和一些不知名的樹 ※

亮點說明：先說明定義再指認句子

3.「池塘中的鯉魚嘴巴一張一合的，訴說著水中的悠閒自在。」這句話中把鯉魚想像成人一樣會張嘴、會說話，使用了「轉化」修辭。請問下列選項，何者也應用了「轉化」修辭？

(A) 今天的麵有如橡皮筋般，怎麼咬也咬不爛

(B) 天上的星星，一閃一閃的對我眨著大眼睛 ※

(C) 隱身山裡的桃樹，漸漸冒出了翠綠的新芽

(D) 哎呀！我居然忘記把衣服拿出來曬太陽了

亮點說明：先說明定義再指認句子

4. 擬人法是「將物比擬為人」的修辭法。下列文句，何者不屬於擬人法？

(1) 假使海做出種種野蠻惡毒的事，那是因它無法控制自己

(2) 大自然痛下毒手，發動土石流，對破壞生態的人類抗議

(3) 走入溪頭，只見林木蔥蘢，泉水淙淙，彷彿是人間仙境 ※

(4) 桃花聽得入神，禁不住落了幾點粉淚，一片片凝在地上

亮點說明：先說明定義再指認句子

5.「只有夜風還醒著，從竹林裡跑出來，跟著提燈的螢火蟲，在美麗的夏夜裡愉快地旅行。」這種擬物為人，將物品人性化的修辭方式稱為「擬人」。請問下列句子中，何者也是使用這種修辭法？

(A) 只有綠色的小河還醒著，低聲地歌唱著溜過彎彎的小橋 ※

(B) 哇！這座高塔可真是高聳入雲，比我想像中還要高聳呢

(C) 原本翠綠的葉子片片枯萎，代表著蕭瑟的秋天即將到來

(D) 孔子說：「無入而不自得」，正是這個無庸置疑的道理

亮點說明：先說明定義再指認句子

6.「朋友真像是一本一本的好書。」這句話使用了「譬喻」修辭，請問下列哪個句子中，何者也使用了這種修辭方法？

(A)「為什麼媽媽的項鍊會不見呢？」大家卻怎麼想都想不透

(B) 妹妹在生日許願，長大後要當一位白衣天使，為病人服務。

(C) 我們的生命，面對天災時，就像是螞蟻般脆弱，無力抵擋 ※

(D) 今天的事拖到明天，明天又拖到後天，這樣是沒完沒了的

亮點說明：先說明定義再指認句子

7.「被大家注意的，永遠是閃亮的星星；卻沒人在意那漆黑的夜空。」這句話使用了「映襯」修辭，請問下列選項，何者也用了同一種修辭法敘述？

(A) 開滿油桐花的山路，布滿著一片片雪白，呈現仙境般的美麗景象

(B) 這條河流，真是清澈又乾淨啊！我看到好多小魚在裡面游來游去

(C) 夜晚，只有小蟲們還醒著，伴隨著晚風和蛙鼓，開了一場音樂會

(D) 擁有運動家風度的人，寧可有光明的失敗，決不要不榮譽的成功 ※

亮點說明：先說明定義再指認句子

8. 下面句子何者跟「視覺」比較<u>沒有</u>關係？

(A) 公園裡的玫瑰花開了，花花綠綠的好不美麗

(B) 油桐樹開了花，就像一樹一樹白珊瑚那麼潔白

(C) 夜裡，院子飄來淡淡的花香，一陣接著一陣 ※

(D) 一道道金黃色的陽光，照耀在早起的人們身上

亮點說明：摹寫手法判斷

9.「回到家感覺累得跟條狗似的。就連從客廳到廚房，我都想叫計程車把我送過去呢！」這樣的修辭，產生了什麼樣的效果？

(A) 增加內容印象 ※

(B) 提升形式對比

(C) 強調語氣不同

(D) 凸顯距離遙遠

亮點說明：指出修辭的效果

10. 寫作文章時不直接說出事物的本名或語句，而借用與它有密切關係或事物本身的一部分來替代的修辭，稱為「借代」。如陶潛＜飲酒＞「泛此忘憂物，遠我遺世情。」以「忘憂物」借代「酒」。下列文句「」中所代表的物象說明，何者錯誤？

(A) 何以解憂？唯有「杜康」──指酒

(B)「烽火」連三月──借代「戰爭」

(C) 客從遠方來，遺我「雙鯉魚」──指書信

(D)「黃髮」垂髫，並怡然自樂──指小孩 ※

亮點說明：先說明定義，舉例，再指認句子

Chapter 6

語用篇：
段篇讀寫

本篇承接了前面的「語料篇」（字詞）、「語意篇」（句子），
到了語文學習的重要目的之一：「語用」（段篇）。

句子是以語言或文字進行人際溝通的基本單位，但「完整」而
「充分」的表達，乃在於段落或篇章。

換言之，**段篇讀寫才是語文實用性的真正展現，擁有良好語文
素養者，必須有能力進行一段話，甚或一個篇章的表述。**

本篇的篇幅較之前二篇較多，也是就目前國語文評量的現況而
言，大部分的學校或老師較擅長字詞句的評量設計，在評量內
容中所占的比例也較高；

另外，檢視近年來國中升高中的「教育會考國文科」，以及高
中升大學的「學測國文科」，皆可知**以段篇為題幹的評量形式
已經成為趨勢，也是未來評量的主要面貌。**

因此，本篇將以較多的篇幅，從閱讀理解及寫作表達等內容，
進行較深入的論述，希望有助於中小學教師的定期評量設計。

閱讀理解與好問題的設計

閱讀理解其實是一段看不見的歷程，因為它只存在大腦之中。
就算以目前最新的科技對某些人的大腦進行監測，我們對於受

試者所知所想的了解，還是非常有限。

因此，在教學的現場，教師必須透過有效的途徑來掌握學生的理解情形。在諸多的教學方法之中，「提問」幾乎是最經濟、有效率的教學技巧了。

可惜的是，多數老師們的提問設計，通常只是為了測試知識或簡單的詰問（interrogate）文本，這對學習理解的助益不大。

然而，不可否認的是，「問題」對意義建構而言，是一項便利好用的工具（a facilitated tool）。

從小開始，我們通常透過提問來取得各項事物的理解意義（還記得我們三、四歲時，「為什麼」一直掛在嘴邊吧！）。

回顧過往的教學研究，如 Stevens（1912）、Moyer（1965）及 Flanders（1970）的研究同時指出，老師幾乎用了 80% 的時間在問問題，這看似一個好現象，可是細究其內容，幾乎都是老師與單一學生或少數學生的問答，也只要求一個簡單，甚至是標準的答案。

換言之，教師經常問已經確定答案的問題，學生則沒有欲望去提出問題。這類現象，如果至今仍存在，必然是很值得重視的問題。

教學如此，評量設計也是如此。

段篇的閱讀理解提問設計，可以很簡單，也可以很複雜。

顯然，我們要對問題的各種面向，先進行簡要的探討。

首先，依問題的開放程度而言，可分為「聚斂型」、「半開放型」，以及「擴散型」三類。

若整合 PIRLS 閱讀理解四層次的觀點來看，「直接提取」和「直接推論」兩個直接理解歷程的提問，即屬於「聚斂型」，也就是答案能從文本中取得也可以稱之為「封閉型」；

其次，「詮釋整合」和「比較評估」等兩個間接理解歷程，則屬於「半開放型」，因為孩子必須透過其已有的知識或經驗作為理解的基礎，提出合理的答案。

最後，「擴散型」則已從文本內，跳脫至文本外，以學生的想像與創意，發想出符合題旨的回應，例如：「如果你是某某某，你會怎麼做」之類的提問。

至於提問內容的方向，至少可分為關於「**主題**」的問題、關於「**細節**」的問題、關於「**主旨**」的問題、關於「**寫法**」的問題。

若以正式的評量設計而言，則可分為選擇、排序、配合、文字表達（問答題）、表格等不同表達形式的題型。由此可知，好的提問必須考量許多面向，方能呈現學生不同層面的理解。

到底，好的評量設計對學生會產生什麼影響呢？

許多國內外的研究指出，好的問題可以讓孩子聚焦於文本，產生深入或多元的理解。

我們可以設計「既封閉又開放」的問題，讓孩子在文本的閱讀理解基礎上，提出他自己的看法。

例如：「主角最後做了什麼決定，你同意主角的決定嗎？請提出你的看法。」

我們也可以設計「既演繹又歸納」的問題，讓孩子可以充分思索與整合文本的內容。

例如：「你覺得某某人是一個什麼樣的人？請找出兩項證據來支持你的看法。」

此外，身為教師或家長，可充分利用好的提問讓孩子選擇他想討論的文本內容（如：哪一部分讓你印象最深刻，為什麼？）；也可以文本內容回應學生的想法，甚至運用策略讓學生聚焦於文本（如：請邊想邊畫線找答案）。

誠如筆者一直以來的主張，「**閱讀是一段旅行**」，在這旅程中，我們身為好的導遊，會覺察孩子的狀況，主動提供文本資訊與彌補其知識經驗不足所造成的落差（gaps）；在某些時機點，也會鼓勵自我探索，讓孩子有機會（對全班或在小組）說出自己的觀點。

總之，**好問題對孩子的閱讀理解而言，是重要的鷹架或階梯，讓他們得以邁向文本理解的各個層面，也是知識學習與認識世界的重要途徑之一。**

段篇理解評量設計

國語文定期評量中，只要以「選擇題」的形式出現，通常具有「再認」、「理解」或「綜合分析比較」等語文知識的檢測目的，包含字詞義的理解、句子的理解、段篇形式或文意的理解，也有少部分是屬於課文內容的記憶提取。

文意內容測驗

文意內容測驗（或簡稱為「文意測驗」），通常是**由課文中重要的中心句或關鍵句，來演繹或推論文章的意思或內容之間關係，或者是文章的內容大意或主題、主旨（作者的主張）。**

例如：「某課中提到『話多不如話少，話少不如話好。』是指哪一個例子？」

或者「某課中，影響主角想法產生改變的是他的父親說了哪句話？」

然而，必須注意的是，由於進行定期評量時，學生不能翻閱課本，所以文意理解**不宜過度以文本細節檢視其提取訊息的能力，**例如：

第三課〈小草〉中提到：「小草不怕風 (1) 吹 (2) 照 (3) 打 (4) 燒。」

因為此時只能依靠學生對課文不同程度的**記憶**，除非是全文重要關鍵語句或佳句名言，否則某些記憶性的問題會顯得沒意義，

與語文素養的關係也不太大。

例如：

〈最後一片葉子〉的故事中，主角在什麼時候感染了肺炎？
(1) 春天 (2) 夏天 (3) 秋天 (4) 冬天

這篇課文的重點顯然不在主角得病的時間，而是強調她在其後的過程中，如何靠朋友的協調與自己的堅持度過難關。

又如：

第二課提到「春天在小朋友的臉上，因為小朋友都 (1) 帶著笑容 (2) 很頑皮 (3) 不高興。」
此題亦不具閱讀理解的意義。

此外，若偏屬課文內容的測驗，而且純屬「記憶」（例如某課的主角一開始做了什麼事？），可調整成較高的認知層次，如理解、應用等。

例如：

某課的主角說他很後悔做了那件事，可以用哪個四字語詞來表示？
答：悔不當初。

此外，題幹除了標示課名之外，也可稍提示文本重點，以避免遺忘所造成的干擾，可測出比較真實的理解能力。

例如：

「美，到處都有，對於我們的眼睛，不是缺少美，而是缺少發現。」這段文字主要是在說明什麼？

這個題目較之於「第六課〈處處皆是美〉主要在說什麼？」更具有理解與判斷能力。

若以 PIRLS 閱讀理解層次設計提問，可能受限每課可設計的題數而無法兼顧四層次（題目會太多）；

於此則建議：**年級愈高，提問層次應偏重詮釋歷程**（詮釋整合與比較評估）為原則。

句意或文意測驗，以課文重要的中心句或關鍵句，來演繹或推論文章的意思，或考內容大意、主題、主旨等。

例如：

某課提到「話多不如話少，話少不如話好。」是指哪一個例子？

又如：

某課影響主角想法產生作法改變的是他父親說的「哪句話」？

【好題共欣賞】

1. 下列哪一項<u>不是</u>＜掌中天地＞一文中提到「布袋戲是值得傳承的珍寶」的理由？

(A) 充滿傳統文化特色

(B) 簡單的戲臺及師傅傳神的口白動作及音效

(C) 布袋戲偶製作費工，所以很有價值 ※

(D) 隨時代創新的布袋戲，是藝術，也是許多人的共同記憶

亮點說明：文本重點的理解

2. 讀完＜一束鮮花＞一文，故事最後的主角應該是什麼樣的心情？

(A) 非常埋怨送花給他的朋友

(B) 記取教訓，積極迎接未來 ※

(C) 覺得打掃實在是太累人了

(D) 覺得整理屋子是件麻煩事

亮點說明：推論人物的心情

3. 依據〈心動不如行動〉一文：「我已經從南海回來，特地為您帶回一部佛經。」句中想要傳達什麼樣的用意？

(A) 無私的分享 ※

(B) 真心的讚賞

(C) 虛心的檢討

(D) 高傲的炫耀

亮點說明：重要語句的理解

4. 〈性急的農夫〉一課中，作者透過農夫揠苗助長的行為，想要告訴我們什麼道理？

(A) 秧苗生長方向不同，要適時導正，才會長得好

(B) 秧苗生長緩慢，需要人工幫忙拉高，才長得快

(C) 做事情要懂得積極應變，解決問題，才會成功

(D) 做事情要有耐心，按部就班，才能得到好結果 ※

亮點說明：文本主旨的推估

5.〈飛行員和小王子〉一課中，對於小王子請飛行員畫羊，飛行員的反應依序有什麼轉變？

（A）開心接受→耐心配合→有點不高興→驚訝

（B）開心接受→有點不高興→耐心配合→驚訝 ※

（C）開心接受→驚訝→有點不高興→耐心配合

（D）驚訝→耐心配合→有點不高興→開心接受

亮點說明：主要內容的排序

形式理解測驗

形式理解測驗，是指句子的修辭手法、篇章結構與布局、寫作風格等文本形式的測驗，這也是教師進行文本深究的重點之一，因此常見於評量設計之中。

但誠如前篇所言，定期評量宜以「**延伸拓展**」為設計原則，本文依然建議應以生活情境的應用為主，避免只是語文知識的記憶。例如：

「他像脫韁野馬般的飛奔出去。」這個句子用了什麼修辭？

建議用**比較**的方式，呈現出修辭帶來的語文效果。

例如：

「『他飛奔出去了』、『他像脫韁野馬般的飛奔』這兩個句子讀起來有什麼不同？」

＊參考答案：更有具體可想像的畫面

關於篇章結構或寫作風格，也可以透過「**文本比較**」進行「延伸拓展」。

例如：

第三課〈○○○○〉是依時間安排的順序結構，請問本單元還有哪一課也是這樣的結構？

或者，

第五課〈○○○〉與之前我們學過的〈○○○〉的作者是同一位，這兩篇作品有什麼共同之處嗎？

＊參考答案：文字淺顯且具有豐富的想像力

若是課文內容的測驗，純屬「記憶」，可**調整成較高的認知層次**，如理解、應用等。

例如：

第一課「春天的訊息」是哪一種文體？(A)劇本 (B)說明文 (C)韻文 (D)詩歌

建議修正為：

第一課「春天的訊息」用了許多的視覺描寫來說明春天的各種景象，這篇屬於哪一類的文本表述方式？(A)記敘 (B)說明 (C)議論 (D)應用

文意測驗因為學生不能翻閱課本，所以**不宜考課文細節或與語文素養不太相關的內容。**

如：《最後一片葉子》故事，主角是什麼季節感染肺炎？

又如：法布爾是那一個國家的人？

【好題共欣賞】

1.「一個馬夫，經常花一整天的時間洗刷他的馬，卻同時把給馬吃的燕麥偷去賣掉，作為額外收入。馬說：『唉！假使你真心要我健壯，就該少刷洗，多飼我些才行呀！』」這短文屬於哪一種文本類型？

(A) 寓言 ※

(B) 神話

(C) 民間故事

(D) 詩歌

亮點說明：給一段文字，判斷文本類型

2. 在〈老榕樹〉一課中，和風、小鳥、樹葉三個角色具備什麼共同的特質？

(A) 都很謙虛

(B) 都很頑皮

(C) 都懂得感恩 ※

(D) 都很冷漠

亮點說明：角色特質的比較

3. 在〈王子的耳朵〉一課中，可以推測國王是個什麼樣的人？請選出最適合的選項。

(A) 脾氣暴躁，容易生氣

(B) 蠻橫霸道，不講道理 ※

(C) 愛子心切，用心教育小孩

(D) 仁慈寬恕，原諒他人的錯誤

亮點說明：人物性格的推論

閱讀測驗的編製

近年來，每稱教育，必談「讓孩子學會帶得走的能力」，在**閱讀方面，便是指讓孩子「學習閱讀」，並且「透過閱讀學習」。**再者，所謂的**「閱讀素養」**，應包含兩個部分：一是**以閱讀為生活中解決問題**，二是為一種**跨領域的閱讀，能在不同文本與學科知識之中自由穿越。**

在資訊發達的現今社會，腦袋裡能裝（背誦）多少知識，已不是能力衡量的首要；
反之，孩子必須具備利用適切的資訊，為自己解決生活中問題的能力才是重要的。

本節將針對國語文定期評量中，課外閱讀測驗題型的編製，詳細的介紹其研擬歷程、題目來源、命題思考，對於文本分析及多層次題目設計，也有相關說明，希望您讀完本節，閱讀測驗的評量設計能力大增喲！

以下即從閱讀素養導向，討論閱讀測驗的設計歷程。

閱讀測驗的題目，從何而來？

常常有教師反應閱讀評量的題目很難設計，問來問去常常都是類似的問題。因此，特別想了解優良的評量題目到底是怎麼想出來的？

簡單的說，「好的問題」來自於「**促使讀者與文本的互動**」的基本觀念。

在評量設計之前，設計者應成為一名「**認真的讀者**」。

閱讀的過程中，出題者本身必須先**深讀文本；體會作為一個讀者與文本進行互動的感受與歷程**。

在閱讀過程中，學生作答的歷程是：**由「閱讀」再「思考」後「答題」**；而教師的設計則是：由「閱讀」再「分析」後「設計」。亦即，教師必須先能將文本分析「圖像化」或「表格化」，有了適切的分析，是最重要的第一步，爾後才能進一步進行題目的設計。

閱讀評量設計必須能「**讓讀者回顧文本**」，而且是逐步呈現「**有層次**」的題目。

總之，問題來自於讀者與文本的互動，因為在設計題目時，這些題目應是**能帶領讀者再次回顧文本，並且是有意義的、能思考的回顧文本**。

閱讀評量設計的思考歷程

在平時的閱讀引導過程中，我們通常會要求讀者進行「**三次閱讀**」。

第一次瀏覽，即「**印象閱讀**」；

第二次為「**讀懂內容**」（即從「句、詞、段、篇」的理解）；

第三次要能「**讀出特色**」（即「寫作手法」）。

如此一讀再讀、深度閱讀的過程，即是設計者要引導孩子的**閱讀思考歷程，亦即從文字的表現訊息，進而梳理或提取上位的語文概念**（如勇氣、機智等）。

因此，設計者在進行提問前的文本分析時，要能找出自己對訊息分類的依據，進而提出觀點；也就是要思考如何將單一的訊息，整併為一個上位概念，再由概念向上發展出最上層的議題或主題，此時，文本之主旨便呼之欲出。

這是簡易版的分析，如果要更精準找到文本重點，請往下看。

以「文本分析」提煉評點

為了讓文本分析比較容易操作應用，以下以條列式的方式呈現文本分析的要領。

（一）文本分析三原則

1. **由整體到部分**：快速瀏覽全文，找出主題；以主題檢視與各段落的關係。

2. **由具體到抽象**：從文本具體的描寫或例證，歸納出抽象的觀念或主張。

3. **由內容到形式**：先分析文本「寫什麼」，再分析文本「怎麼寫」。

（二）文本分析項目

1. **全文核心**：

   A. **標題**：文章的標題，如：〈最後一片葉子〉

   B. **主題**：內文主述的觀點範疇，如「友情」

   C. **主旨**：作者想表達的看法或主張，如「有友情支持的人生，令人感動」

2. **內容結構**：

   先將「自然段」，合併成「意義段」，先找出段落之間的關係，即是「結構」。

常見結構類型有：

A. **順序**：依時間 / 地點 / 事件的排序

B. **總分**：可分為總分總 / 總分 / 分總 / 分總分

C. **並列**：各段沒有明顯前後或上下層級的關聯

D. **因果**：段落的承接有明顯的因果關係

E. **遞進**：依程度漸進地深入探討

F. **對比**：以事物的正反、是非或前後等相對比照

呈現結構的方式有：

A. **圖示法**：如心智圖、組織圖、魚骨圖等

B. **表格法**：以雙向細目表來呈現

C. **線條法**：如故事線、階梯圖等

3. **內容知識**：文本內容含括了哪些知識，也可能有虛構的內容。此處僅指知識而言，主要在說明類的文本中呈現。

A. **事實性知識**：以事實為主

B. **概念性知識**：強調抽象的觀念

C. **程序性知識**：以事物的程序性內容為主

D. **後設認知知識**：即知識背後的知識，如「理解監控」這項閱讀策略。

4. **展現觀點**：請讀者判斷，作者的觀點呈現在哪裡？

　A.「無」傾向或觀點：客觀陳述，不表意見

　B. 於章節中「若隱若現」：透過章節的梳理，隱然可見

　C.「明確」傾向或觀點：主觀倡議，主張明顯

5. **敘寫特色**：文本中，刻意呈現的各類文字或符號形式。可檢
　視是否有：

　A. **導語標題**：是否有引導語、大小標題

　B. **語句修辭**：語句是否善用對話、摹寫或其他修辭技巧

　C. **圖表輔助**：是否有「圖」或「表格」輔助段落文字的說明

　D. **標注提示**：某些段落文字是否有以「粗體」、「加底線」
　來強調，或以「文字框」補充說明。

閱讀評量設計的要點

在進行閱讀評量設計時，必須掌握評量的幾個要點。

其一，首重文本分析，要能掌握文本中重要訊息及不同層次的
意涵；

其次，要設計具有完整語境並有助於理解的好問題，

最後，要能隱含閱讀策略，以提升學生的閱讀理解力及閱讀興趣。

教師在設計評量時，先進行閱讀，閱讀後進行文本分析，整理成圖像或表格。

評量設計上必須做到 A+B=C，A 指的是題幹、B 指的是選項或答案、C 指的是文本的焦點訊息，亦指希望孩子在文本中看到的訊息。

在此提供一個小祕訣：進行評量設計實作時，教師可善用**便利貼**進行文本分析出題設計，運用便利貼直接貼在文本欲出題的**落點位置**，進行出題。

將可清楚知道自己**出題的落點位置概況，是否分配平均，或是否適當。**

閱讀測驗主要以「選擇題」的形式出現。設計時要注意「一題一評點」、選項的「**誘答性**」、題幹的「**完整性**」及是否提供「**鷹架訊息**」等基本命題原則。

此外，亦應注意**不同年段學生之難易度**，以多元的題型提供學生相關的鷹架；

（例如：將原本的問答題改成選擇題，即是一種鷹架）

或者**提供答題的運思歷程，**

（例如：想一想你有沒有讀過類似的文章）

以及是否兼顧學生的生活經驗等。

若是想看到孩子的思考歷程，「問答題」會是不錯的題型（例：他是怎麼樣的人？你是如何知道的？）。

以下再依故事體與說明文之差異，說明設計時的不同考量。

故事體與說明文的不同設計思維

故事體與說明文之文本特性不同、組成要素不同，因此在進行提問設計時，也有所差異。

故事體的基模：人物、情節、場景，此三者之交集為主旨或議題，其重要元素可包含：角色、背景、事件、反應、行動、結果、結局。提問設計者可藉由提問，讓孩子找出故事體的重要元素，或者元素之間的關係。

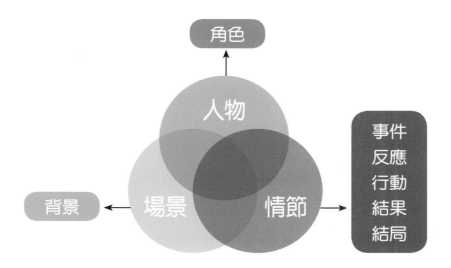

至於說明文，文字清楚具體，在文本的開端，即易出現其「說明對象」，並依不同「面向」成為分段的架構，在不同面向之內，為使讀者明白，經常「舉例」說明。

此外，也要注意說明文特有的圖、表、標題，及比喻、用數字或數據等「形式」的說明。

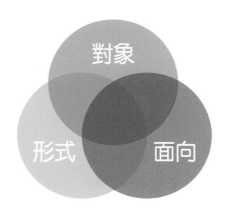

PIRLS 閱讀理解「四層次題目」設計

關於 PIRLS 的相關介紹相當多，本文不再從背景或其理解談起，以下先簡述其定義及範圍，及不同題型的設計思考。

定義及範圍

PIRLS 可分為直接理解歷程（提取訊息與推論訊息），及詮釋理解歷程（詮釋整合、比較評估），以下分述之。

1.「提取訊息」（focus on and retrieve explicitly stated information）

讀者必須依提問內容，直接至文章某**段落**中提取出特定且重要的訊息，包含與主題密切相關的訊息；文本所顯露的特定想法、論點；重要字詞或句子的定義；故事的重要訊息等。

- 與特定目標有關的訊息
- 特定的想法、論點
- 字詞或句子的定義
- 故事的場景，例如時間、地點
- 找出文章中明確陳述的主題句或主要觀點

［題例 1］本文沒有介紹下列哪一項工作？

(1) 玩具店老闆 (2) 立法委員 ※ (3) 護士 (4) 圖書館館員

2.「推論訊息」（make straightforward inferences）

讀者必須依提問內容，連結章節內或章節間的上下文，推斷出訊息間的關係。主要是某些事件因果關係的理解、語意模糊的詞語、某代名詞的指稱對象等訊息關係的推論。

● 推論出某事件所導致的另一事件

● 在一串的論點或一段文字之後，歸納出重點

● 找出代名詞與主詞的關係

● 描述人物間的關係

〔題例 2〕在〈動物園的飼育員〉一文中，他說：「飼育員取代動物們父母的職位，負責動物的……事項。」請問哪一項是文章中有提到的？

(1) 醫治生病的動物 (2) 清掃動物睡覺的地方 ※
(3) 製作飼料 (4) 解說導覽

3. 「詮釋整合」（interpret and integrate ideas and information）

讀者需要運用自己的知識或經驗，整合文章各章節的重要內容，再以「自己的話」回應提問的內容。例如，文本主題的確認或全文大意的歸納，人物角色特質的詮釋，跨段訊息的比較，文中訊息在真實世界中應用的可能性，某些語氣或氣氛的詮釋等。

- 歸納全文訊息或主題
- 詮釋文中人物可能的特質、行為與做法
- 比較及對照文章訊息
- 推測故事中的語氣或氣氛
- 詮釋文中訊息在真實世界中的應用

〔題例 3〕本文提到了許多項高危險性的工作，請舉出三項並
　　　　　說明其共同的地方。

(1) ＿＿＿＿＿＿；(2) ＿＿＿＿＿＿；(3) ＿＿＿＿＿。
這些工作都：＿＿＿＿＿＿＿。

4.「比較評估」（examine and evaluate content, language,
　and textual elements）

讀者需用自己的知識或經驗，比較、批判或評價作者所表示的
特定意旨或寫作形式，包括作者的寫作目的或主旨、文章表現
的形式與讀者的關係等。

- 評估文章所描述事件確實發生的可能性
- 描述作者如何安排讓人出乎意料的結局
- 評斷文章的完整性或闡明、澄清文中的訊息
- 找出作者論述的立場

［題例 4］你認為作者在本書中，介紹這麼多的工作，主要想
　　　　　要告訴我們什麼？作者用了哪些寫作的方法讓你更
　　　　　容易了解工作的內容？

(1) 作者想要告訴我，

(2) 作者在本書，使用了

PIRLS 四層次題目 示例

以下以翰林出版公司之國語課本「閱讀樂園」設計為例，提出
閱讀理解測驗評量設計時的相關想法。

「閱讀樂園」乃依教育部（2008）國民中小學九年一貫課程綱
要，為教材內容設計的重要參考依據，其設計理念以學生為學
習中心，教材連結學生生活經驗並激發其學習興趣，同時考量
學生不同閱讀理解能力的差異，將教材設計的重點放在關注學
生的學習發展上，滿足每個學生學習的需求，讓每個不同閱讀
理解能力的學生，都樂於參與課堂中閱讀理解教學的活動。

「閱讀樂園」為每一冊國語課本第二單元及第四單元的最末課，通
常與單元主題無關，是一篇以閱讀理解為主要教學重點的長文本。

其重要的特色之一為習作的提問題型設計。這些提問乃參照
PIRLS 測驗題目方向所設計而成的。

以下將以「不一樣的年俗」這一課為例，將閱讀理解四層次的
題目舉例如下表。

表 5　閱讀理解四層次例題表

習作題目　閱讀理解層次	題目內容
層次一：直接提取	1. 本文中「年俗」的意思是什麼？
層次二：直接推論	4. 文中提到，不同國家的小孩在過年時會做一些事，例如： 中國的小孩會守歲； 日本的孩子會向長輩拜年請安； 泰國的孩子會將浸有花瓣的香水，灑在大人的手臂和背上。 請問上述年俗共同的目的是什麼？請打 V。 ① □小孩為長輩祈福　　② □小孩陪長輩過年 ③ □長輩為小孩祈福　　④ □長輩陪小孩過年
層次三：詮釋整合	6. 在標題前面，加上什麼樣的形容，可以知道這個國家年俗的特色？ ① （　　　）的中國年　　② （　　　）的日本年 ③ （　　　）的泰國年
層次四：比較評估	8. 文中有兩個小文字框的設計，你覺得它有什麼功能？

資料來源：翰林習作第五冊（頁 92、93、95、96）。

以不同的「測驗題型」來檢視回應

誠如前述，閱讀評量設計最基本的原則在於：**透過評量試題，檢視「讀者」與「文本」互動的歷程，促使讀者能在提示下回顧文本重要內容。**

不同的測驗題型即可達成不同的檢測目的，以下簡要說明之。

1. 選擇題

答案來源為明確的單一事實知識內容；或者是讀者可閱讀文本後，「再認」或「回顧」後理解的內容。

2. 配合題

有一些如語詞等提示性的內容，或者以兩組句子對比，讓讀者找出其合宜的關係。

3. 排列題

段落間或段落內含有重要的「程序性」或「順序性」內容，即可讓讀者重新排列。

4. 表格題

資訊或訊息具有不同向度的比較需求，如功能、外形等。

5. 問答題

透過讀者的文字表達能力，回應評量所提出的問題，通常是較高層次的理解內容。值得注意的是，若需讓讀者「回應作者的觀點」或其「敘寫手法」等相關問題，建議要求答題者舉出「文本例證」來說明。

評量設計原則

為了方便各校老師進行閱讀理解測驗的審題，以下為筆者整理許多文獻資料及實際命題經驗所歸納而來的評量設計原則。（主要針對選擇題的題型）

（🧑‍🦱 這些原則其實大部分也可套用在前述的語料、語意等範疇）

1. 一份試卷之語料、語意、語用三者比例合宜

此部分可回顧本書第三章的「語文評量五三二」。原則上小學低年級以語料評量為主，可占五成左右；中年級以句子的理解與表達為主；高年級則是段篇的語用占五成。中學幾乎可以一三六的比例進行合宜的分配。

2. 題目難度，由易到難

整份評量卷完成後，除了依語料、語意及語用三大類依序編
排外；每一大類，可依課次順序，重新梳理題目的難易度。
題目避免忽難忽易的情形。

3. 正確選項的比例應分布平均

如果你有命題的經驗，你在設定「正確」選項時，多半會「自
然」落在選項 3 或選項 C；其次，可能落在選項 4 或選項 D。
這不是你的錯，反而是很正常的心理思考。

（我們似乎不喜歡太快出現正確答案）

因此，建議命題完成後，請重新調整正確選項的位置，讓四
個選項盡可能各占 25%，以求公允。

4. 題目分量應考量作答時間

不同年級或年齡的學生，對評量卷的閱讀理解能力也不同。
如果再加上一些需要思考的問答題，或有創意的短文寫作，
那就要考量作答時間了。

為了較為精準的掌握，可請未出題的教師作答一遍，把他所
費的時間乘上二倍，應該就是合宜的時間了。

5. 避免題目的主要評點非文本重點或重要的語文知能

例：

(1) 第五課〈兩個名字〉提到只要大家有相近的興趣，或共通的特色，都可以成為什麼？(A)同學 (B)好朋友 (C)家人

(2) 第六課〈過橋〉主要提醒人際的相處要能互相(A)幫助 (B)關心 (C)禮讓

(3) 第七課課文裡，大樹張開的大傘是(A)黃色 (B)綠色 (C)咖啡色

（ 這部分應該不用再說明了吧 ^_^）

6. 避免題幹敘述不明確，或缺乏語境

例：

「肝若不好，彩色的人生會變成黑白。」請選出與這句話描述相同的答案。

(1) 我雖然長得很矮小，可是跑起來卻像飛毛腿一樣快

(2) 我們從小要努力，更要培養閱讀課外讀物的好習慣

(3) 如果天公不作美的話，到學校打球的約會就泡湯了 ※

(4) 這雙新買的運動鞋，顏色很鮮豔，穿起來又很合腳

 遇見說：「與這句話描述相同」什麼是描述相同？

也許可以改成「這句話用了假設語氣，下面哪句也是用了同樣的語氣？」這樣是不是更為明確？

7. 題幹不可被選項斷開

例：

唐代哪一位詩人 (1) 王小明　(2) 王維　(3) 王安石　(4) 王金平 和孟浩然齊名，並稱「王、孟」。

遇見說：題幹斷開會造成閱讀理解的困擾，建議修正下句。

唐代哪一位詩人和孟浩然齊名 ，並稱「王、孟」？

(1) 王小明　(2) 王維　(3) 王安石　(4) 王金平

8. 題幹以正面表述為原則

例：

「王小明很壞心，他都將爛掉的食物給小貓吃。」 請在下面選項中，選出與這句話意思不相同的答案。

遇見說：別忘了，評量也是一種學習的歷程。這個題目的負能量也太強大了吧！最好還是用正向、積極、陽光、健康的內容吧！

另外，如果題幹有何者為「非」、意思「不同」等語句，應將反向詞特別標示或加粗體，如本題的不相同。

9. 一問一答，評量點應明確

例：

讀完以上短文，下列哪一個句子最能表現它的主旨和大意？

讀完以上短文，下列何句正確？

遇見說：嗯，您應該知道文章的「主旨」（theme）和「大意」（main content）也許不太相同吧！

另外，何句正確，也是很模糊的說明。

建議修正如下：

讀完以上短文，下列哪一個句子最能表現它的主旨？

讀完以上短文，下列何句的說明符合文章的主要內容？

10. 選項語句應簡要

例：

文章中的句子「心情像水桶一樣，七上八下盪個不停」這是形容什麼？

(1) 很難過的心情

(2) 很緊張的心情 ※

(3) 很失望的心情

(4) 很快樂的心情

遇見說：有沒有看到選項中一直重覆三個字，讓人會有些疲累感吧！

建議修正如下，有沒有比較清爽些？

文章中提到「心情像水桶一樣，七上八下盪個不停」這是形容什麼樣的心情？

(1) 難過

(2) 緊張 ※

(3) 失望

(4) 快樂

11. 選項長短應相近

例：

「俸祿」的意思是指下列何者？

(1) 廟裡拜拜時，給神明的錢

(2) 孝敬父母的錢

(3) 捐款

(4) 官員薪水 ※

遇見說：有一種不科學的說法流傳著，如果選項長短不一，就選那個比較長的。不過，如果以此題為例，應該就不太好了。為了避免不必要的困擾，建議把選項的長度盡可能一致。

修題如下：

文章中提到這是他人生第一次領取「俸祿」，這個詞的意思
為何者？
(1) 燒香拜拜給神明的錢
(2) 每個月固定的孝親金
(3) 不定時收到各界捐款
(4) 古時候政府官員薪水 ※

12. 避免選項無恰當或正確答案

例：

大地是誰的家？(1) 人類 (2) 小鳥 (3) 萬物

下雨了，誰把雨絲吹斜了？(1) 風 (2) 空氣 (3) 烏雲

遇見說：我知道，你笑了——這題目似乎沒有最適合的答
案。不過，當初老師命題時，卻有堅定的答案，因為課文中
有提到。

回到前述的原則，這些題目的意義性實在太低，完全不屬於
語文評量的範圍，頂多是記憶力測驗吧！

13. 選項各自獨立，不可暗示或不合理

例：

在本文中，由許多的事蹟可得知，其所指稱的「民族英雄」是哪一位？

(1) 丘逢甲 ※

(2) 丘逢乙

(3) 丘逢丙

(4) 丘逢丁

　　遇見說：看，你又笑了。因為除了第 1 個選項，其他都像是來亂的，也就是說，沒有誘答性。怎麼修？可以再提供另外三個人名吧。

14. 選項各自獨立，應具誘答性

例：

讀讀看，下面哪一句話是在說**還沒有發生**的事情？

(1) 因為下雨，所以運動會取消

(2) 如果下雨了，運動會就會取消 ※

(3) 雖然下雨了，但是運動會照樣進行

(4) 竟然下雨了，運動會卻還是照常舉行

　　遇見說：這題很漂亮吧！四個選項都是關係複句，但子句間的關係卻不同。這是有誘答性選項的代表題。

15. 答案選項少用「以上皆非」或「以上皆是」

是的，當我看見選項的第 4 個出現了以上皆非，或以上皆是時，我就會猜想命題者一定是累了（畢竟命題很燒腦的）。

無論如何，建議少用這兩個。

因為如果你的答案是「以上皆非」，那我們就會好奇，那什麼才是正確的？

如果你的答案是「以上皆是」，那哪一個才是最佳答案呢？

以上 15 個原則，可供語文評量設計者在命題前提醒自己，審題時就比較不會有出現基本的命題錯誤。

閱讀測驗之審題

在進行閱讀評量審題時，審題者需理解設計者所分析的重點，所以要先檢視其文本分析，並站在設計者的角度，試圖讀懂他在想什麼，並根據他的邏輯，思考他如何提問。

這樣的評量審題才有意義，畢竟審題不能「以審代編」，否則審閱後，就失去設計者原本的用意或特色了。

一般而言，審題可包含以下三個步驟與原則：

1. 評估文本分析

請設計者提供文本分析的內容，以理解其思考。

2. 確認題目落點

(1) 是否為重要訊息；

(2) 主要事件可以提出較多的問題；

(3) 問題加答案，能否指出學生應注意的訊息。

3. 題型均衡（選擇、問答各半）、層次皆有（四層次平均分配）

(1) 選擇題：答案太難表達或不需要重複寫的。

(2) 簡答題：數個答案找其中的兩個或段落大意、摘要。

(3) 問答題：找觀點及其證據，或是整理大量訊息。

為了讓審題更有效率，審題者（或者設計者）通常會以「審題卡」作為檢視題目的重要工具。當然，審題卡應依題型或評量目的而有所調整，以下僅以「閱讀理解」測驗為例，供審題參考。

閱讀理解測驗審題卡 示例

序號	1
答案	2
題目	從事哪項工作必須在小學時代就先把技術學好？ 1. 蛋糕店師傅 2. 職業足球選手 3. 漫畫家 4. 小學老師
通過率（0 至 1）	0.8
章節頁次	p.48
層次	1
主要修改理由	□通過　☑修正通過　□不通過 A　（　　）脫離文本內容 B.1　（　　）並非主題重點 B.2　（　　）無學習價值 B.3　（　　）無須透過閱讀即可應答 B.4　（　　）題目過於零碎記憶內容 C.1　（ ✓ ）題幹敘述應更清楚明白 C.2　（　　）作答者難以理解題目內容 C.3　（　　）選項設計應更清楚明白 C.4　（　　）部分選項不具誘答力 D　（　　）此題應為_____層次 　　（　　）其他
建議修正	時代→階段

閱讀理解測驗 題例

依照學生的閱讀理解能力發展，建議自二年級開始，即可於國語文定期評量的最後一個題型，設計「閱讀理解」題型。

建議閱讀文本應來自課外，並以不同層次的題目檢視學生的閱讀理解情形。

以下為不同年段的閱讀測驗題型示例，文本及題目也許可供您設計時參酌。

【好題共欣賞】

1. 叔本華（Schopenhauer）在〈讀書論〉中，有以下的論述：「少讀壞書決不會嫌太少，多讀好書決不會嫌太多：壞書是傷害精神的毒物；○○○○○○，作者也只停留在流行思想的小範圍之中，時代也就在自己的泥濘中越陷越深了。」在○○○○○○處有個句子被省略了，請推論以下何句最有可能？

(A) 無論好書抑或是壞書，大家都只追隨作者的隨心所欲

(B) 讀者在無法判斷的情境下，只好任由自己的心之所至

(C) 於是我們經常迷失在時代訊息叢林間，不知如何閱讀

(D) 一般人通常只讀最新的東西，而不讀各時代最好的書 ※

 亮點說明：上下文與段意理解

2.「昔有毒蛇，沿入鐵鋪，遇物即咬。適有利銼在前，蛇則纏而咬之，口觸銼齒，血滴可見，以為咬傷此銼，復再咬之。銼曰：汝心太毒，不能害人，反害自己！」這則短文主要的寓意為下列何者？

(A) 懷有傷人之心，往往實傷自身 ※

(B) 堅持自己的作為，未因勢變通

(C) 毒蛇應學習使用其他策略攻擊

(D) 見賢應思齊之，切勿執著不變

亮點說明：段落寓意的推論

3.「『人生識字憂患始，姓名粗記可以休。』項羽這種英雄人物，當然不喜歡讀書。劉邦也不喜歡讀書，甚至也不喜歡讀書人。不過劉邦會用讀書人，項羽有范增而不會用，漢勝楚敗，也是一個原因。蘇軾這兩句詩倒也不盡是戲言，因為一個人把書讀認真了，就忍不住要說真話，而說真話常有嚴重的後果。這一點，坐牢貶官的蘇軾當然深有體會。」此段文字出自余光中的＜開卷如開芝麻門＞，下列何項為其主要意旨？

(A) 多讀書總是有害人生

(B) 劉邦因讀書而獲勝

(C) 蘇軾感悟讀書之益

(D) 讀書人可能因書而吐真言 ※

亮點說明：段落意旨的推取

4.「我喜歡在 Starbucks 買咖啡。不見得因為它的咖啡特別好，而是因為，你還沒進去就熟悉它的一切了。你也許在耶路撒冷，也許在倫敦，在北京，或者香港，突然下起冷雨來，遠遠看見下一個街角閃著熟悉的燈，你就知道在那裡可以點一大杯拿鐵咖啡加一個 bagel 麵包，雖然這是一個陌生的城市。」

「我更喜歡在紫藤廬喝茶，會朋友。茶香繚繞裡，有人安靜地回憶在這裡聚集過的一代又一代風流人物以及風流人物所創造出來的歷史，有人慷慨激昂地策畫下一個社會改造運動；紫藤花閒閒地開著，它不急，它太清楚這個城市的身世。」

「全世界有六千六百家 Starbucks，全世界只有一個紫藤廬。」

此三段文字出自龍應臺的＜在紫藤廬和 Starbucks 之間＞，下列何項為其主要意旨？

(A) 論述國際化與本土化之間的個人見解 ※

(B) 說明紫藤廬和 Starbucks 的經營理念方針

(C) 描寫身在紫藤廬和 Starbucks 不同的心情

(D) 倡議紫藤廬走向國際化的可能性

亮點說明：不同段落比較後的意旨推取

5.「於千萬人之中遇見你所遇見的人，於千萬年之中，時間的無涯的荒野裡，沒有早一步，也沒有晚一步，剛巧趕上了，那也沒有別的話可說，惟有輕輕地問一聲：『噢，你也在這裡嗎？』」（取自《流言‧愛》），關於張愛玲其人與本文，下列何者錯誤？

(A) 此乃張愛玲關於愛情的小品散文

(B) 此段表達人生相遇之緣分難得

(C) 以永恆與短暫對比，深蘊情韻

(D)《圍城》、《半生緣》皆是張愛玲名著 ※

亮點說明：作者與作品的綜合比較

【題組】下面是節錄自臺北花博的門票資訊

票種	適用對象	票價
全　票	一般民眾。	300
學生票	國民中學以上在校學生（須出示學生證）。	200
優待票	1.國民小學在校學生。 2.六十五歲以上老人（須出示身分證明）。 3.孕婦（得要求其出示相關證明文件）。 4.低收入戶（須出示相關證明文件）。 5.其他符合臺北市政府規定之優待身分者。	150
全期間票	花博電子票卡持有者（得在花博會營運期間不計天數入場，屬記名票卡，購票時請填寫個人基本資料並於現場拍照。票卡不得轉售或轉予他人使用，入場請由團體閘道進入）。	2500
免費入場	1.學齡前兒童。 2.身心障礙者（須持有身心障礙手冊）及其必要陪伴者一名。 3.帶團參觀並持有交通部觀光局核發之導遊證者。	免費

1. 小強有一個四歲的妹妹，請問妹妹入場時需要購買何種門票？

    (A) 全票 (B) 優待票 (C) 學生票 (D) 免費 ※

2. 請問學生要購買學生票入園要出示什麼證件？

    (A) 身分證 (B) 學生證 ※ (C) 健保卡 (D) 戶籍謄本

3. 阿明的哥哥需要長期進入花博園區進行觀察與研究，請問

    他要買哪一種票才划算？

    (A) 學生票 (B) 優待票 (C) 全期間票 ※ (D) 全票

4. 念小學的小華一家，包含七十歲的爺爺、爸爸、懷孕的媽媽、念國中的姊姊，在星期天早上要一起去花博參觀，請問他們一共要花多少錢買票？

(A) 800 元 (B) 950 元 ※ (C) 1100 元 (D) 1200 元

5. 請問家中若有持身心障礙手冊的家人要去參觀花博，在旁邊的必要陪伴人須購買何種票券入場？

(A) 優待票 (B) 全票 (C) 學生票 (D) 免費 ※

亮點說明：生活實用性說明文的閱讀理解

【題組】唐詩

〈春望〉杜甫

國破山河在，城春草木深。感時花濺淚，恨別鳥驚心。

烽火連三月，家書抵萬金。白頭搔更短，渾欲不勝簪。

1. 請問這首詩的寫作背景有可能為哪項？

(A) 感嘆戰火摧殘過後的家園 ※

(B) 因朝代更替而滿心歡喜

(C) 天災過後的悲情哀號

(D) 生活單調的無病呻吟

2.「烽火連三月」的解釋應該是何者？

(A) 打仗打到三月才停止

(B) 煙火連續施放了三個月

(C) 戰火不斷，連綿好幾個月 ※

(D) 在三月的時候開始打仗

3. 為什麼作者說「家書抵萬金」？

(A) 戰火中接到家書，可比萬兩黃金 ※

(B) 家裡寄給作者萬兩黃金

(C) 作者的家書用萬兩黃金做抵押

(D) 作者的家書在當鋪當了萬兩黃金。

4. 為何作者說「恨別鳥驚心」？

(A) 苦恨別離，聽到鳥鳴更傷心 ※

(B) 把鳥嚇走，別擾人清夢

(C) 作者討厭鳥叫的聲音

(D) 作者跟自己養的鳥話別

5. 因為杜甫詩裡行間字字充滿關懷，句句刻畫人性，所以後世

給他何尊稱？

(A) 詩仙 (B) 詩聖 ※　(C) 詩佛 (D) 詩神

亮點說明：詩歌的閱讀理解

閱讀測驗之後，怎麼辦？

在說明閱讀測驗的編製設計及審題修題原則，並提供一些閱讀測驗題目示例之後，相信你對閱讀測驗已經有所了解了。

誠前所述，評量只是一種手段，目的是為了知曉學生的閱讀理解程度，更重要的課題是：閱讀測驗之後怎麼辦？

如果你選擇走康莊大道，看似高效而速達；

然而，最美的風景，往往在細雨飄落的午後，漫步於林道間的輕風葉語呢喃，或是俯身端詳玫瑰花叢，遇見那豔紅孤挺襲來的暗香。

閱讀也是如此。

不只是為了抵達終點，也為了**字裡行間的細嚼品賞，讀出其中的「意義」**。

我一直主張「**閱讀如旅行**」，閱讀的歷程是一步一步、一階一階的取得語句，乃至於段篇，所形成不同理解層次的意義，宛如旅行過程中點點滴滴，卻深刻的經驗。

以下列舉康軒公司主辦的「卓越盃閱讀競賽」（2015 年）的幾個不同層次題目為例，其後再加以說明測驗之後的教與學應如何配合。

題例 1：文中用什麼詞語來形容佳萍老師體驗到高緯度的低溫，以及過餐未食的感受呢？【一、直接提取】

(1) 恍然大悟

(2) 飢餓難耐

(3) 飢寒交迫 ※

(4) 永生難忘

題例 2：佳萍老師輾轉搭車抵達林達郝夫宮後，在文中 ※ 的地方提到：「我不但遇見了美麗的意外。」請問「美麗的意外」指的是什麼呢？【二、直接推論】

(1) 交通的選擇

(2) 趕上了導覽

(3) 沿途的景色 ※

(4) 遇到好心人

題例 3：這趟德國之行，佳萍老師從決定搭便車開始，一直到回慕尼黑，她的心情轉變如何呢？【三、詮釋整合】

(1) 惋惜→放鬆→忐忑不安→欣喜

(2) 忐忑不安→惋惜→欣喜→放鬆 ※

(3) 欣喜→忐忑不安→放鬆→惋惜

(4) 欣喜→惋惜→忐忑不安→放鬆

題例 4：作者為什麼在文章結束之後又加上「後記」呢？【四、
比較評估】

(1) 補充說明之後的旅遊

(2) 順便介紹德國的女生

(3) 補充說明搭便車事件 ※

(4) 分析搭便車的利與弊

如果孩子曾經參加過大型的閱讀檢測（如各縣市主辦的國語文學
力檢測），或者是學校自行設計的閱讀測驗，當你得知檢測結果
時，你會如何因應或引導孩子，接下來的學習方向與方法呢？

以下三點，是面對學生檢測結果不如預期時，一般性的引導方向。

1. 多閱讀

無論是故事類（童話或小說之類的），或說明類（如科普讀物
或報紙新聞），要平衡閱讀，不能有閱讀「偏食」的情形。畢竟，
閱讀故事與閱讀說明文，乃運用不同的閱讀理解方式。

2. 常思考

鼓勵孩子在閱讀時，給自己三個提問──「這篇文章主要在說什
麼？」、「文章有哪些重要的事件或知識？」，以及「這篇文

章在寫作上有什麼特色讓我印象深刻？」有疑問，就會思考；
常思考，理解能力就會增強。

3. 樂分享

我們的大腦其實是很懶惰的，如果不運用相關策略加以「處
理」，閱讀所得到的內容，往往在短期記憶區「短暫」的停留後，
也會很快默默的離開。

如果想讓「它」停留久一些，「向別人分享自己閱讀的內容」
是個好方法。當我們試著重述曾經閱讀過的內容，大腦就會重
新組織成易於表達的內容，當這些內容重整過後，它就很容易
被「順手」送進「長期記憶區」了。

所以說，「樂分享」將可讓所閱讀的內容，更有效的存留於大
腦中，也間接活化了大腦理解的功能！

如果想要進一步系統性的強化孩子的閱讀能力，除了上述三個
基本的日常做法，若想增加閱讀的深度與廣度，建議鼓勵孩子
無論閱讀一篇文章或一本書，都可「交互」應用一些常見的閱
讀策略，如「預、問、摘、釐」。

（　　這其實就是著名的**交互教學法**，有興趣可自行以關鍵詞檢
索理解）

指「預測」，讓孩子在開始閱讀前，先對書名及文題進行「預測」，猜猜內容在談些什麼。

指「自我提問」，可在閱讀過程中，持續問自己——「這段話是什麼意思」、「作者為什麼要這樣寫」之類的問題，以促進自己對文章更深入的思考。

指「摘要」，每讀完一個段落或章節，應該閉起眼回顧剛才讀了什麼。

指「釐清」語句，遇到重複出現或作者特意強調的語句，可運用拆解詞或連繫上下文等方法來幫助自己理解，千萬別輕易放棄關鍵語句，那可能是閱讀之後最值得珍藏的寶玉。

面對大大小小的各種閱讀檢測（校內或校外），無論孩子的表現如何，都不必太在意。

因為各式的閱讀測驗，其本質上，是類似「**身體健康檢查**」，目的在於了解孩子在整體上或不同層面的閱讀理解能力表現如何。

最重要的是，要依孩子的表現狀況，給予不同的後續學習建議。也就是參與測驗的目的，在於「理解自己，並成就更好的自己」，對孩子來說，是難得的機會。

至於應試的心態，要保持樂觀與積極，誠如日本作家澤木耕太郎所言：「不要害怕，但請一路小心。」

我們相信，只要沉浸於閱讀，便是一場美麗而豐盛的旅行。

最後值得再次提醒的是，閱讀教學最後的目的，無非是希望學生閱讀能有所得，且學會如何閱讀。

因此，教師應掌握評量的目的、評量的重點，而別迷失於為評量而評量，以致失去閱讀的樂趣。

同理，閱讀評量的設計，應是了解孩子是否注意到重要訊息的過程，並且讓孩子看見自己的閱讀思考歷程，讓閱讀的歷程能既充滿樂趣又有所得。

讀寫之間：以會考作文為例

經由大篇幅的談論與梳理閱讀理解評量設計的種種之後，我們即將進入「寫作測驗」這個區塊。

雖然在國語文定期評量的設計規畫內容中，「寫作測驗」不是必要的選項，但因應「讀寫能力」的合宜展現，本文建議在小學中高年級應酌量設計「短文寫作」，至中學階段的定期評量，則應另行設計獨立的「寫作測驗」。

就現實面而言，國中教育會考的「寫作測驗」及高中學測「國寫」

（國語文寫作能力測驗）都是未來學生在升學進路上也會面臨的題型，能不重視嗎？

本節將由 2017 年的國中會考寫作測驗為例，談閱讀與寫作的關聯。

眾所皆知，近幾年來國中教育會考「國文科」的試題，至少有八成是屬於閱讀理解的題目，而且題目取材非常生活化，甚少是直接由各版本國文課本入題的，這趨勢已然成形。

尤其，2017 年的「寫作測驗」，以圖表配合說明為題，讓學生完成一篇作文（如下圖），則有別於以往僅以文字說明為主，令人有耳目一新之感。

請閱讀以下圖表及文字，按題意要求完成一篇作文。

傳統習俗

歲時	祭祀	生育婚喪	其他
例如 端午節要配戴香包 中秋節吃月餅 春節不能掃地倒垃圾 ……	例如 求平安符 焚香燒金紙 西拉雅族祀壺 ……	例如 父母分贈新生兒彌月油飯 女兒出嫁離家前要潑水 以毛巾致贈參加喪禮的親友 ……	例如 搬家要挑吉日 禮物不能送「鐘」 紅包金額要湊雙數 ……

從小到大，許多傳統習俗伴隨我們成長。在這些傳統習俗裡，你也許感受到它所傳遞的情感，也許發現它值得保存的內涵，也許察覺到它不合時宜的地方。

請就個人生活見聞，以「在這樣的傳統習俗裡，我看見……」為題，寫下你的經驗、感受或想法。

＊註：本圖取自國中教育會考網站　http://cap.ntnu.edu.tw/　2017.5.25

依此寫作測驗的提示，來談談關於「讀寫結合」的一些想法。

一般而言，以題材的範圍或限制來分類，可分為「**自由命題作文**」、「**半命題作文**」及「**指定命題作文**」。

「自由命題作文」是只給方向，題目及取材皆由寫作者自由決定，例如：「寫一寫關於童年的一些事，自定題目。」

「半命題作文」會給方向，也給予取材內容的範圍，但內容不具體，有很大的彈性空間，如〈最難忘的○○〉、〈○○時光〉。

至於「指定命題作文」，則是近年來國中會考寫作測驗的主要形式，會給一個明確的題目，如〈捨不得〉、〈從陌生到熟悉〉等，加上一些引導說明，學生在這題目及內容的限制或引導下，撰寫一篇符合題意的文章。

如前述，當學生面對這篇以「在這樣的傳統習俗裡，我看見……」為題的作文時，雖然也是一篇「命題作文」（有題目、有說明），但從「閱讀理解歷程」的角度來說，也就是寫作前的審題與運思，有其值得探討的部分。

以 PISA 所提出的閱讀理解歷程而言，可以分為三大歷程：「**檢索擷取**」、「**發展解釋**」、「**省思評鑑**」。

其具體內涵就是：「**能找到指定的重要訊息**」、「**能推論句段文字的意思，用自己的話來說明**」、「**能對於段篇的內容或形式，提出自己的判斷與看法**」。

由於這是一篇「規範性」的作文，所以寫作者必須要有能力「讀懂」規範與說明，而從讀懂題目到用文字表達，剛好也符合 PISA 的這三個歷程。

這篇寫作說明可分為 ABC 三部分（其下配合本人理解歷程與放聲思考）：

A：「請閱讀以下圖表及文字，按題意要求完成一篇作文

　　《檢索擷取》：圖表＋文字→寫作文

B：概念圖＋「從小到大，……，也許察覺到它不合時宜的地方」

　　《檢索擷取》：圖表關鍵字「傳統習俗（含歲時、祭祀、生育婚喪、其他等）」

　　《發展解釋》：傳遞的情感可能是什麼？值得保存的可能是什麼？

　　　　　　　　　不合時宜的可能是什麼？

C：「**請就個人生活見聞，以『在這樣的傳統習俗裡，我看見……』為題，寫下你的經驗、感受或想法。**」（請注意其文字以粗體呈現）

《檢索擷取》：個人生活見聞，我看見，經驗、感受或想法

《發展解釋》：我有什麼相關的生活經驗？有什麼不一樣的想法或看法嗎？

《省思評鑑》：題意指示我要寫下「個人的」經驗、感受或想法……，

〈寫作決策〉

因題目說明指示中有提到「寫下你的經驗、感受或想法」，所以，這應該是一篇先「記敘」再「說明與議論」的文章，我應該舉幾個例子，再提出我的看法，最好針對「傳統」與「現代」的形成對比，提出一些值得保存或應該捨棄的理由，但整體而言，應該要表達出傳統習俗也有其現代積極樂觀的意義。

圖：PISA 讀寫思考歷程

由上圖可知，此類作文的「審題與運思」，剛好符應了 PISA 的三大理解歷程，而具體的作法可簡約為三個字「**找、聯、想**」：

1. **找一找題目的關鍵詞，確認重要訊息；**
2. **聯結個人經驗，擇取合適材料；**
3. **想法例證羅列，形成寫作綱要。**

面對十二年國教素養導向的課程、教學與評量即將來臨，國語文的閱讀與寫作總離不開「生活經驗」與「問題解決」這兩大核心；更重要的是，透過語言文字來表達個人的思考與判斷，即是語文素養的重要展現之一。

短文寫作測驗

本章最後談到某些學校會在國語定期評量設計「短文寫作」的題型，顯示學校對於學生表達能力的重視，也符合十二年國教語文素養提倡「創新的展現」，值得肯定與鼓勵。

例如：

「請以一件印象深刻的事為題，必須運用 (1) 要是……，那麼……；以及 (2) 怦然心動，寫成 100 字左右的短文。」

這個題目，對五年級的學生而言，基本上不會太難；

難的是，在四十分鐘的時間內，要完成前面所有的題目，還要立刻寫出這篇短文。

我的建議是，在考前應該可對所有的學生提示定期評量將要他們寫一則印象深刻的事，請他們可以事先想好主要的寫作內容。在考試時，再要求他們以這三個條件完成，如此較能測出真正的寫作能力。

畢竟，「蒐集好的材料需要時間」，不可因考試時間的限制而罔顧「集材」這個寫作重要的學習歷程之一。

值得一提的是，其實不一定要讓學生在定期評量時進行「創作」，也可以提供一篇在字、詞、句、段都有修正空間的「拙

文」，讓學生至少改出三至五處，以藉由學生自主修改作文的表現，評估其「文法知識」及「文本表述」的能力。

此外，在考試時間的限制下，也考量到**每次定期評量的學習重點**，即**可設定相關的寫作主題、詞彙、句式、字數、描寫手法等相關條件**，並依不同年級設計合適的句、段寫作評量。

以下分別依短文寫作的難度，提供一些實際的測驗供您參考。

【短文修正】

請你在下面的短文中，**刪去多餘、不相關的句子，讓段落的意思完整一致**。

A. 池塘是一個很吵的地方。青蛙不斷的呱呱叫。白鵝在嬉鬧。我喜歡吃冰淇淋。小蟲在草叢中嗡嗡飛。妹妹穿洋裝。好像一場交響樂。

B. 小健生病了。媽媽很擔心，就帶著他去看醫生。圖書館沒有開，只有去書局。醫生開了藥，告訴他要按時服用，不可偷懶。小健開心的鼓掌歡迎。回到家後，媽媽去洗澡，爸爸看電視，小健吃了藥，休息一下，就覺得好多了！希望明天可以全家出去玩。

【片段作文】

請寫出一件令你印象深刻的事情。請**依順序**寫出這件事情發生的**原因、經過及結果**。在 150 個字以內，寫成一個意義完整的段落。

＊提示：只寫主要情節；如果是重要的關鍵，就可以用較多的文字來形容當時發生的情形。

1. 這件事是：＿＿＿＿＿＿＿＿＿＿＿＿＿＿＿＿＿（題目）

2. ＿＿＿＿＿＿＿＿＿＿＿＿＿＿＿＿＿＿＿＿＿＿＿

＿＿＿＿＿＿＿＿＿＿＿＿＿＿＿＿＿＿＿＿＿＿＿＿

＿＿＿＿＿＿＿＿＿＿＿＿＿＿＿＿＿＿＿＿＿＿＿＿

＊參考用語：「首先……然後……」;「剛……就……」;「不但……而且……」;「雖然……但是……」;「如果……那麼……」;「無論……都……」。

【說明與議論】

叔本華（Schopenhauer）在其〈讀書論〉一文中，有以下的論述：

「少讀壞書決不會嫌太少，多讀好書決不會嫌太多：壞書是傷害精神的毒物——因為一般人通常只讀最新的東西，而不讀各時代最好的書，所以作者也只停留在流行思想的小範圍之中，時代也就在自己的泥濘中越陷越深了。」

1. 請依你的理解，以五十個字左右，簡要重述此段論述的主要意思。5%

----

2. 請自訂題目，充分論述你是否同意此段說法，並舉證說明你的理由。10%

【綜合性閱讀與寫作】

選自《契訶夫短篇小說選》〈牡蠣〉

那是一個下雨的秋天。我簡直可以毫不費力氣地回想，幾乎連一個細節都不會漏掉：我如何跟著父親站在莫斯科一條熱鬧繁華的街上，又如何感到自己正在發作一種奇怪的病。我沒有覺得痛苦，可是卻說不出話來，腦袋衰弱得往一邊歪，腿不由自主地往下彎。看來，我立刻就要倒下去，變得昏迷不醒了。

假如那時我被送到醫院，醫生肯定會在我的床頭寫上「饑餓」——在醫學全書裡從未有過的一種病。父親也挨著我站在人行道上；他穿了一件破舊的夏季大衣，戴一頂露出了一縷白棉的軟帽。這個非常愛面子的人，腳上穿著一雙又大又重的雨鞋，他擔心別人看到他雨鞋裡頭藏著的光腳，於是找來了一雙舊長筒鞋的上半部，套在腿上一直齊到膝頭。

他那件原本漂亮的夏大衣已經穿得越變越舊，越變越髒，我反而越發熱烈地愛他。五個月前，他來莫斯科尋找文書的工作。這些日子他一直都在城裡東跑西跑去找工作，在某天就下定決心到街頭來討飯。

我們來到了一棟三層樓的建築，門口的招牌上面寫著「餐廳」。我的頭軟弱無力地往後仰著，歪在一邊，很自然地看見了餐廳上面那些燈光明亮的窗子。裡面的人影來來往往。還可以看見

一架風琴的右半邊、兩張石印畫和一些掛燈；在另一個窗子裡，我看見了一塊白的東西。我凝神細看，才看出來那是牆上貼著的一張海報紙。那上面寫著字，但是到底寫的是什麼，我就看不出來了。我盯著它看足足有半個小時。那白色一直吸引我的目光，快把我催眠了。我盡力想看清楚那上面寫的字，但是結果卻是徒勞。後來，有種怪病上了我的身。

我開始看到了原本看不見的東西，「牡蠣」，我認出了海報上的字。

怪字！我活了八年又三個月，但是從未見過這兩個字。它是什麼意思？總不至於是這個餐廳老闆的名字吧？寫著名字的招牌是掛在外面的，不可能掛在屋裡的牆上！

「爸爸，什麼是牡蠣？」我用乾啞的聲音問。

父親沒留意我的話。他正盯著人群的活動，跟蹤每個行人。我看得出他想和人搭訕，但是那句要命的話卻吐不出來。他朝著一個行人邁出一步去，碰了碰他的衣袖，但是等到那人扭回頭來，父親卻說：「對不起。」慌張跟蹌地往回走。

「爸爸，什麼是牡蠣啊？」我又問了一遍。

「是一種……生在海裡的動物」

我馬上憑著想像去勾畫這種從未見過的海洋動物是何種樣子。我想那肯定是一種介於魚和蟹之間的動物。既然是從海裡撈上

來的，那肯定能夠燒成一種好喝的、滾熱的湯，或者灑上香噴噴的胡椒和月桂葉，加上酸白菜和軟骨魚，配上蝦醬汁，再放點兒辣椒變成冷盤。我生動地想像著這東西如何從市場上買來，讓廚師處理好下鍋，快、快，因為大家都餓了，餓極了！哇，廚房裡彌漫著魚蟹湯的香味。

我感覺到這香味飄散出來，逐漸鑽進我的整個身體，餐廳、父親、白海報、我的衣袖等等全都沾上了那種香味，而且非常濃，強烈得使我開始咀嚼起來了。我一直吞嚥著，彷彿嘴裡真有那麼一塊海洋生物似的。由於渾身覺得舒服，我的腿更往下彎了，我急忙拉住父親的手臂，靠著他那溼漉漉的夏大衣，以免倒下。父親在發抖，全身縮成一團。

「爸爸，牡蠣是不是在齋節期吃的菜？」我問。

「這東西是要生吃下去的……」我父親說，「它們生在殼裡，不過……他們的殼是兩半的。」

濃香的氣味馬上在我的全身消散了，幻覺立刻破滅了，現在我全明白了！

「多噁心！」我小聲說，「多麼噁心！牡蠣原來是這麼個東西！」我不由自主地聯想起青蛙。一隻青蛙，縮在一個殼裡，睜著眼睛向外看著，它那令人噁心的嘴巴不停地動。我想著這麼一個生在殼裡、長著爪子、睜著大眼、皮膚發黏的動物，它

從市場上被人買回來。孩子們紛紛躲開，廚師皺起眉頭，顯得非常厭惡，用鉗子夾起這個動物的爪子，往一個碟子裡一放，送到餐廳去。大人卻拿起它，活生生的吃下去，甚至它的眼睛、牙齒、腿，也一古腦兒全部吞下去！那動物吱吱地叫，用力掙扎，竭力想要咬他們的嘴唇……。

我又一陣噁心，但是，但是為什麼我的牙齒動起來，似乎在嚼什麼？那動物是如此的叫人噁心，可憎又可怕，但是我還是不顧一切地吃下去，狼吞虎嚥地吃下去，不敢聞氣味，也不敢辨滋味。我吃完了一個，又看見第二個閃閃發亮的眼睛，第三個……我把它們全都吃掉，然後，我把餐巾、碟子、父親的雨鞋、海報全吃了，什麼東西出現在我的眼睛裡，我就吃什麼，因為我覺得除了吃以外，什麼也治不了我的怪病。那些牡蠣眼神可怕，樣子噁心，我一想到就渾身不自在，但是我還是要吃！吃！

「牡蠣！給我牡蠣！」這些話從我的胸膛裡冒出來，我伸出了手。

「幫幫我們吧，先生！」父親用含混顫抖聲調說，「我恥於乞求，但是老天啊！我再也受不了！」

「牡蠣！」我叫道。

「難道你也吃牡蠣？這麼小的孩子？」我身邊傳來了笑聲。

兩位戴著高禮帽的紳士站在我們的面前，瞧著我的臉笑。

「小孩，你吃牡蠣？這是真的嗎？這可非常有趣！讓我們看看你怎麼吃。」

突然有一隻強而有力的手拉著我走進了明亮的餐廳。不一會兒，我的四周，圍上了一群人，他們都帶著好奇的神情看著我。我靠桌子坐下，吃一種溼黏的東西，帶點兒鹹味。我狼吞虎嚥，沒空咀嚼，既不看吃了什麼，也不注意別人。

忽然我的牙咬到什麼硬東西，發出嘎吱嘎吱的聲音。

「哈哈哈！他在吃殼！」人群發笑，「小傻瓜，你竟然連這個也吃！」

我記得這後來很渴。我躺在床上，胃痛，乾燥的嘴裡有一股怪味，無法入睡。爸爸踱來踱去，兩手比畫著。

「我似乎著涼了，」他喃喃自語，「我的腦袋裡有一種感覺，好像有人坐在我的頭上一樣……。大概是因為我今天沒有吃什麼東西……我想，我真是個怪人，是個笨蛋……我親眼看到那兩位紳士為那牡蠣付了十個盧布，我為什麼不走到他們面前，求求他們借給我幾個錢呢？他們肯定會答應的！」

快天亮的時候，我睡著了，我做了一個夢，夢見一隻青蛙坐在殼裡，轉動著眼睛。到中午，我口渴醒過來，看看父親，他依然踱來踱去，兩手比畫著。

（一）請**摘錄**上述文章的**主要內容**。（不得超過 100 字） 10%

（二）請說明本文作者的**寫作主旨**或想表達的**寓意**。（不得超過 50 字） 10%

（三）請依此文的意旨，抒寫一段文字表達**自己的感受與想法**。（300 字左右為宜） 15%

遇見說：看到這題，似乎覺得太難嗎？其實這是某大學對學生語文能力檢測的題目。

關於批閱評分

大部分的老師在平時的作文評閱時，主要採整體評分（也就是概覽全文後，給予一個分數或等第，並加批注建議）。

然而，當寫作成為定期評量的一部分，我們就該思考本書中不斷提到的關鍵「評點」，**在題目敘述中應明確定義符合學習重點的評準，也就是採主要特點評分**（primary trait assessment）。

例如，若短文批閱不占評量總分，而以ＡＢＣ三級為不同等級，即會在題目有以下說明：

1. 完整表達事情的背景、經過與結果
2. 經過必須至少應用一種摹寫方式
3. 使用三個詞語：若非；不但，而且；刻骨銘心

本次短文測驗達到上述三項要求者，即可以予Ａ級，

達到上述一至二項要求者，即可以予 B 級，

三項皆未達者，只能給予 C 級。

最後在評分上，建議**並列標示**在試卷上，如 93A、86B+、75C+ 學生及家長即可知曉其國語文測驗與寫作測驗的分數。

當然，如果你的學生程度較佳，或想配合國中會考試或高中國寫的評分原則，也是很好的方向。如有需要，請自行上網檢索相關規準。

總之，評點要明確，評分亦是。

Chapter 7

結語

全書回顧

評量雖然為教學與學習服務，然而，評量的改變，將可順勢回頭影響教學。

本書檢討了中小學國語文定期評量之現況，加以十二年國教課程之素養導向分析，據以提出十二年國教國語文評量之目標，素養導向之語文定期評量之重點及設計原則；並依此分項說明素養導向之國語文評量重要題型設計時應有的思維，文末以定期評量設計難度最高的「閱讀理解評量」與「寫作測驗」的設計歷程為示例，說明評量設計可參考的原則與方法。期待本書能為十二年國教之國語文學習評量，提供一些實務上可參考的評量設計建議。

由於國語文定期評量的設計，涉及語文教育的廣度與深度，廣度可自字、詞、句、段、篇逐次擴展，深度則是語文三層次——工具性、文學性、文化性三者由淺入深的探究，完整論述不易。

以下茲以本書所提列的五項重點，供您參考與回顧。

1. 基本的原則

以一題一評點、多元的題型、完整的語境為基本原則，配合十二年國教強調的「問題的解決」及「創新的展現」構成素養導向的語文評量設計面貌。

2. 設計三階段

(1)「開學前」的學年備課，確認哪些課文是重點（三顆星的課文），哪些課文輕輕帶過（一顆星的課文）；

(2)「評量前」一個月前的初稿審閱，確認各班的教學重點及學生學習表現情況；

(3)「評量後」的題目通過率檢討，省思題目品質與學生學習結果。

3. 年級階段配重

因為各年段及學習階段的語文學習重心不同，所以學習評量重點亦不相同。

建議低年段重「語料」（字詞）的積累與鞏固；中年段重「語意」（語句）的理解與表達；高年段重「語用」（段篇）的充分展現。

（　語文評量五三二）

中學則是以字詞一成、語句三成、段篇六成的「一三六」比例配置。

4. 題目的定位

由於平時國語文教學時，師生即透過課本的語文統整活動、習作及相關簿冊進行許多不同類型的語文基礎練習，為了檢視學生在這段期間內所習得的語文理解與表達的成就，應擇取各課字、詞、句、篇章之重點，以過去的語文學習經驗（學過的字、詞、句）及相關生活經驗（實際的生活情境），設計出具「延伸、拓展及應用」性的題目（而不是把課本習作的內容換句話說再考一次）。

5. 閱讀與寫作

因應近年來國內重視學生的閱讀理解，以及寫作能力提升的需求，某些學年會在評量的最後一項設計「閱讀測驗」或「短文寫作」，這當然是好現象，也值得嘗試設計。

然而，須注意此閱讀文本或寫作的主題（或方式），最好是參考國語文課本之單元主題重點延伸的內容，例如單元或文章主題為「民俗風情」，就可以選擇與此主題相關之文章，達到可加深加廣的學習性評量設計之目標。

改變一點點，學習多一點

行文至此，總有些感慨與期待。

筆者多年來在臺灣各地之中小學分享評量審題的看法與建議，常有一個共同的經驗——筆者總是舉出同樣的一份小學四年級國語文試卷，在場的老師都覺得很熟悉，也覺得與他們自己出的考卷沒有太多差異。

然而仔細檢視，即可發現在語料（字詞短語）、語意（句式語法）、語用（段篇讀寫）的整體出題比例分配，「語料」評量往往占了七成以上，而一些文意測驗的認知層次分配，記憶性題目也幾乎占七成以上。

因此，「背多分」成為許多學生準備定期評量時的標準做法。

可是，當他們面對縣市的學力檢測、會考、學測等大型國語文評量時，卻又發現不是那麼一回事。

和許多老師討論後，才發現，原來老師們不是不知道趨勢，而是不知如何著手評量的改進與修正。

於是，我花費了許多時間，完成了這本書。

誠如，郭生玉（1999）指出評量應依據教學目標、應顧及學生的全面發展、應有彈性、應兼顧歷程與結果、其結果應妥善應用。

如果國語文定期評量，只是為了圖得一個分數，而教師們辛苦的出題、審題，如此付出，便顯得有些不符成本。

因此，本文由「為學習而設計的評量」觀念談起，提出除了各項評量設計的原則與方法外，如何編製一份具「學習性」，且具素養導向的語文評量，實值得教師們思考與嘗試著去改變。

尤其，國語文定期評量內容取向的擇定，與內容類別的比例分配，亦值得重新審視一份國語文定期評量應包含哪些內容。

最後，本書在不同章節列舉一些國語文定期評量中經常出現的題型，舉例說明命題的思考，以及避免可能的錯誤，希望能提供實務現場的老師更具體明確的指引（這部分希望我有做到）。

最後的最後，請我們再次反思定期評量的意義與目的，確認學習性評量的必要性，我們只要願意進行一些評量的改變，就可以讓學生在評量的過程中，學習多一點。

這不是一件很美好而有意義的事嗎？

參考文獻

本書引用文獻

Wiggins, G.（1998）. Educative assessment: Designing assessments to inform and improve student performance. San Francisco, CA: Jossey-Bass Publishers.

王珩等（2008）。**國語文教學理論與應用**。臺北市：洪葉。

王萬清（1997）。**國語科教學理論與實際**。臺北市：師大書苑。

史美瑤（2013 年 12 月 30）。評量也是學習，**評鑑雙月刊**，43。

　　　取自 http://epaper.heeact.edu.tw/archive/2013/05/01/5968.aspx

何三本（2002）。**九年一貫語文教育理論與實際**。臺北市：五南。

李岳霞（2013）。**提問與討論：戒掉「皮毛式」閱讀**。親子天下，50，頁 152-155。

李漢偉（1999）。**國小語文科教學探索**。高雄：麗文。

岳修平（譯）（1998）。**教學心理學——學習的認知基礎** The Cognitive Psychology of School Learning。臺北市：遠流。

林清山（譯）（1997）。**教育心理學：認知取向** Educational Psychology: a Cognitive Approach 三版。臺北市：遠流。

柯華葳、詹益綾、張建好、游婷雅（2008）。**臺灣四年級學生閱讀素養 PIRLS 2006 報告**。桃園縣：中央大學學習與教學研究所。

柯華葳等（2004）。**華語文能力測驗編製——研究與實務**。臺北市：遠流。

洪蘭譯（Stanislas Dehaene 原著）。**大腦與閱讀**。臺北市：信誼基金會。

國家教育研究院（2015）。**十二年國民基本教育課程發展指引**。臺北市：編者。

教育部（2008）。**國民中小學九年一貫課程綱要（語文學習領域）**。臺北市：教育部。

教育部（2011a）。**國民中小學九年一貫課程綱要（學習領域）修訂（微調）說明**。臺北市：教育部。

教育部（2011b）。**在職教師閱讀教學增能研習手冊**。臺北市：教育部。

教育部（2018）。**十二年國民基本教育課程綱要國語文領域**。臺北市：編者。

許育健（2011）。**國語文教科書內容設計之研究～以臺灣、中國、香港、新加坡為例**（未出版之博士論文）。國立臺灣師範大學，臺北市。

許育健（2011）。**閱讀旅程你我它——談閱讀理解歷程的思與問**。臺北市教育 e 週報》第 509 期。取自 http://enews.tp.edu.tw/paper_show. aspx?EDM=EPS20110630140045C0S

許育健（2014）。**為學習而設計的評量：以國語文定期評量之審題為例**。教師天地，188，25-31。

許育健、林冬菊、周宏智（2013）。**挑戰閱讀理解力 3**。新北市：螢火蟲。

郭生玉（1999）。**心理與教育測驗**。臺北市：精華。

陳弘昌（2001）。**國小語文科教學研究**。臺北市：五南。

陳欣希、柯雅卿、周育如、陳明蕾與游婷雅（2011）。**問好問題**。臺北市：天衛文化。

陳雅慧（2013）。**評量改革　價值翻轉**，親子天下，43，126-130。

黃亦麟（2010）。**國小四年級國語習作與教師手冊閱讀理解提問類型分析**。臺北市：臺北市立教育大學。

黃瑞枝（1997）。**說話教材教法**。臺北市：五南。

臺北市政府教育局（2010）。**從多讀書到會讀書～臺北市國小閱讀理解策略推廣手冊**。臺北市：編者。

鄭圓鈴（2004）。**認知領育教育目標——在國語文教學與評量的應用**。臺北市：心理。

鄭圓鈴（2008）。**基測國文科試題品質分析與改善建議**。臺北市：心理。

鄭麗玉（2000）。**認知與教學**。臺北市：五南。

羅秋昭（2007）。**國小語文科教材教法**。臺北市：五南。

其他相關文獻

Caldwell, J.（2014）. **Reading Assessment: a primer for teachers in the common core era.** New York, NY: Guilford.

Farrall, M.（2012）. **Reading Assessment: Linking language, literacy, and cognition.** Hoboken, NJ: John Wiley & Sons.

Henning, G.（2005）. **A Guide to Language Testing: Development, Evaluation and Research.** Wadsworth, OH: Heinle & Heinle.

方麗娜（2008/12）。**2008 年華語文教學能力認證考試「國文」試題分析**。臺灣華語文教學，5，72-75。

王秀梗（2008/11）。**課綱微調下國語文領域閱讀能力之淺見**。教育研究月刊，175，頁 45-52。

王梅軒、黃瑞珍（2005/09）。**國小課程本位閱讀測量方法之信度與效度研究**。特殊教育研究學刊，29，73-94。

王開府（2008/06）。**心智圖與概念模組在語文閱讀與寫作思考教學之運用**。國文學報，43，263-296。

白雅惠（2009）。**淺談國小國語文修辭評量試題**。中國語文，105（5），107-112。

吳明倩、林怡如（2007）。**淺談國語科聆聽教學評量**。國民教育，47（4），95-97。

李咏吟（1998）。**認知教學：理論與策略**。臺北市：心理。

谷瑞勉（譯）（2001）。**教室中的維高斯基：仲介的讀寫教學與評量** Vygotsky in the classroom: mediated literacy instruction and assessment。臺北市：心理。

幸曼玲、陸怡琮、辜玉旻（2010）。**閱讀理解策略教學手冊**。臺北市：教育部。

林怡君、張麗麗、陸怡琮（2013/09）。**Rasch 模式建置國小高年級閱讀理解測驗**。教育心理學報，45（1），39-60。

林俊傑（2010/02）。**有效的教學與評量**。師友月刊，512，51-54。

林彥佑（2013）。**從閱讀談教師專業知能**。翰林文教會訊，5，頁 7-10。

林寶貴、錡寶香（2000/11）。**國小兒童語言能力評量工具之發展**。中華民國聽力語言學會雜誌，15，46-60。

邱彥瑄（2005）。**國語文動態評量之教學設計——注音符號闖關活動**。學生事務，44（2），75-78。

邵敬敏（2008）。**現代漢語通論（第二版）**。上海：上海教育。

施宜煌（2013）。**從 PISA 評量閱讀素養情形省思臺灣國民中小學閱讀教育推展的問題**。新北市教育，6，頁 67-71。

柯華葳（2009）。**培養 Super 小讀者**。臺北市：天下雜誌。

柯華葳等（2004）。**華語文能力測驗編製——研究與實務**。臺北市：遠流。

洪月女（譯）（1998）。**談閱讀 On reading**。臺北市：心理。

孫劍秋等（2010）。**閱讀評量與寫字教學**。臺北市：五南。

涂志賢、程一民（2013）。**提升學生閱讀素養的閱讀理解策略教學**。新北市教育，6，頁 78-80。

馬之先（2015）。**小學語文探索**。合肥：北京師範大學、安徽大學。

張文哲（譯）（2005）。**教育心理學 Educational Psychology**。臺北市：學富文化。

張佳琳（2012）。**有效促進理解的閱讀教學方法**。教育人力與專業發展，3，頁 83-90。

張春興（2007）。**教育心理學**。臺北市：臺灣東華。

張郁雯（2016）。**華語評量**。新北市：正中。

許天維、蔡良庭（2006）。**國小六年級國語文學習成就評量在學習現狀上的反應**，文訊，248，87-89。

許育健（2013）。**閱讀 2.0：資訊科技時代的數位閱讀力**。教師天地，187，19-33。

許育健（2012）。**別把語文課當成閱讀課～語文教學與閱讀教學的異同辨析**。《臺北市教育 e 週報》，第 564 期。取自 http://enews.tp.edu.tw/paper_show.aspx?EDM=EPS201207211164854ICQ

陳正治（2008）。**國語文教材教法**。臺北市：五南。

陳昭珍、李央晴、曾品方（2010/02）。**發展適用於我國兒童之閱讀知能指標與評量之研究**。研考雙月刊，34（1），48-61。

黃國禎、蘇俊銘、陳年興（2015）。**數位學習導論與實務——第二版**。新北市：博碩。

鄭圓鈴（2015/06）。**國中教育會考——國文科試題之評量指標與試題分析**。臺北教育大學語文集刊，27，31-60。

賴明貞（2005/06）。**淺談語文教育之評量方式**。國教輔導，44（5），46-48。

謝奇懿（2010/12）。**九年一貫國中階段國語文領域寫作能力指標與國中基本學力測驗寫作測驗評分規準關係管窺——以質性分析為主**。應華學報，8，249-278。

國家圖書館出版品預行編目資料

屋頂上的貓：素養導向國語文評量設計實務／
　許育健著. - 初版 .--臺北市：幼獅，2018.09
　　面；　公分. --（工具書館；12）
　ISBN 978-986-449-119-3　（平裝）

1.漢語教學2.教學評量3.中小學教育

523.31　　　　　　　　　　107011581

・工具書館012・

屋頂上的貓：素養導向國語文評量設計實務

作　　　者＝許育健
校　　　對＝徐慧鈴
出 版 者＝幼獅文化事業股份有限公司
發 行 人＝葛永光
總 經 理＝洪明輝
總 編 輯＝林碧琪
主　　編＝沈怡汝
編　　　輯＝張家瑋
美術編輯＝陳瑛琪
總 公 司＝10045臺北市重慶南路1段66-1號3樓
電　　　話＝(02)2311-2832
傳　　　真＝(02)2311-5368
郵政劃撥＝00033368

印　　　刷＝龍祥印刷股份有限公司
定　　價＝280元
港　　幣＝93元
初　　版＝2018.09
八　　刷＝2024.01
書　　號＝916110

幼獅樂讀網
http://www.youth.com.tw
e-mail：customer@youth.com.tw
幼獅購物網
http://shopping.youth.com.tw

行政院新聞局核准登記證局版臺業字第0143號